Datenschutz – Konzepte, Algorithmen und Anwendung

Markus von Rimscha

Datenschutz – Konzepte, Algorithmen und Anwendung

Werkzeuge zum Datenschutz im Alltag

Markus von Rimscha
Fürth, Deutschland

Das in diesem Werk enthaltene Programm-Material ist mit keiner Verpflichtung oder Garantie irgendeiner Art verbunden. Der Autor übernimmt infolgedessen keine Verantwortung und wird keine daraus folgende oder sonstige Haftung übernehmen, die auf irgendeine Art aus der Benutzung dieses Programm-Materials oder Teilen davon entsteht.

ISBN 978-3-658-22045-7 ISBN 978-3-658-22046-4 (eBook)
https://doi.org/10.1007/978-3-658-22046-4

Die Deutsche Nationalbibliothek verzeichnet diese Publikation in der Deutschen Nationalbibliografie; detaillierte bibliografische Daten sind im Internet über http://dnb.d-nb.de abrufbar.

Springer Vieweg

Gedruckt auf säurefreiem und chlorfrei gebleichtem Papier

Springer Vieweg ist ein Imprint der eingetragenen Gesellschaft Springer Fachmedien Wiesbaden GmbH und ist ein Teil von Springer Nature.
Die Anschrift der Gesellschaft ist: Abraham-Lincoln-Str. 46, 65189 Wiesbaden, Germany

Vorwort

„Datenschutz ist Verbrecherschutz.“ Ja, das stimmt. Datenschutz schützt *auch* die Daten von Verbrechern. Datenschutz ist also im gleichen Maße Verbrecherschutz wie Autos Verbrechertransportmittel sind und Brot Verbrechernahrung.

Hat denn der brave, unbescholtene Bürger etwas zu verbergen? Ja, hat er. Ja, habe ich. Das nennt man Privatsphäre. Oder Betriebsgeheimnisse. Vielleicht tausche ich mit meinem Steuerberater Daten aus? Verschicke einen Krankenbericht? Arbeite an einer Erfindung? Schreibe in freudiger Erwartung eines schönen Abends zu zweit die eine oder andere Nachricht, die ziemlich eindeutig ist – ein wenig unanständig womöglich? Geht's Dich was an?

Post-Privacy ist toll. Eine Welt wäre doch toll, in der man ganz auf Datenschutz verzichten könnte, weil es gar keine Diskriminierung mehr gäbe, die letztendlich der Grund für ein Bedürfnis nach Privatsphäre ist … Ist das so? … „wäre“, „könnte“, „gäbe“ … Ja, das kann man so sehen, … muss man aber nicht.

Ich gehe davon aus, dass die Privatsphäre ein hohes Gut ist. Ich gehe davon aus, dass Betriebsgeheimnisse ein hohes Gut sind. Ich gehe davon aus, dass Daten schützenswert sind. Ich lade Dich, liebe Leserin, lieber Leser, dazu ein, gemeinsam mit mir technische Wege zu erforschen, wie vertrauliche Daten vor unerwünschtem Zugriff oder Beschädigung geschützt werden können.

Schwarzmalerei hilft dabei wenig und ist auch gar nicht nötig. Initiativen wie „Digital Courage“ oder „Netzpolitik.org“ sind nicht ohne Grund entstanden. Guter Datenschutz sowohl als Standortfaktor als auch als Wettbewerbsvorteil wird mittlerweile auch bei größeren Playern erkannt – nicht mehr nur von kleinen Nischenanbietern. Gleichzeitig agieren einige Teilnehmer immer enthemmter.

Wirksamer Datenschutz ist und bleibt daher in weiten Teilen eine Holschuld des Verbrauchers – um nicht zu sagen eine „Tun“-Schuld. Genau das soll hier unser Thema sein.

Dir, lieber Leser, liebe Leserin, wünsche ich nun viel Spaß beim Lesen und insbesondere natürlich viel Erfolg bei der Umsetzung!

Fürth, im März 2018 Markus von Rimscha

Inhaltsverzeichnis

1 Einleitung

Wo beginnt Privatsphäre? Wo hört sie auf?

„Ich sehe nicht ein, dass ich mich beim Bürgeramt melden muss. Ich sehe nicht ein, dass ich einen Personalausweis haben muss. Ich will nicht, dass der Staat von meiner Existenz weiß."

Ja, auch diesen Standpunkt kann man vertreten. Trotzdem würde wohl die überwältigende Mehrheit der Gesellschaft zu einer solchen Denkweise sagen: „Ich hab' mich wohl verhört!?" Wie soll der Staat Kapazitäten für Kindergärten und Schulen planen, Rentenversicherungs-Beiträge erheben, neue Wohngebiete und Verkehrswege schaffen

M. von Rimscha, *Datenschutz – Konzepte, Algorithmen und Anwendung*,
https://doi.org/10.1007/978-3-658-22046-4_1

oder den Bedarf an Krankenhäusern prognostizieren, wenn nicht einmal bekannt ist, wie viele Menschen im Land leben, wie alt sie sind und wo sie wohnen? Auch die Strafverfolgung dürfte sich in diesem Fall einigermaßen schwierig gestalten.

Ganz offenbar steht das Recht auf Privatsphäre des einzelnen Bürgers[1] in Konkurrenz zu anderen Rechten und durchaus nachvollziehbaren Interessen. Beispielsweise kann, darf, soll und muss der Staat das Recht auf Privatsphäre einschränken, sowohl im öffentlichen Interesse als auch zum Zwecke der Strafverfolgung.

Trotz aller berechtigter Interessen des Staates muss aber klar sein: Nicht der Einzelne muss sich rechtfertigen, der seine Privatsphäre gewahrt und respektiert wissen möchte. Vielmehr muss sich jeder andere – also insbesondere auch der Staat – rechtfertigen, wenn er in die Privatsphäre der Bürger eindringen will.

1.1 Datenschutz im Spannungsfeld

Dieses Spannungsfeld zwischen Freiheit und Sicherheit ist allgegenwärtig in der politischen Diskussion und ist keineswegs erst eine Erscheinung der vergangenen wenigen Jahre. So wurde bereits die Volkszählung 1987 von Boykottaufrufen begleitet – bei weitem nicht das früheste Beispiel. Spätestens seit den Snowden-Enthüllungen 2013 dreht sich die politische Diskussion insbesondere auch um das Thema der Verdachtsunabhängigkeit. Es geht dabei um die Frage, ob und in welchem Ausmaß in die Privatsphäre vieler unbescholtener Menschen eingedrungen werden darf, um anhand einer großflächigen Überwachung überhaupt erst konkrete Verdachtsmomente für Straftaten einiger weniger zu ermitteln – selbst wenn das alles wunderbar, fehlerfrei und effizient funktionieren würde. Die Begriffe „Vorratsdatenspeicherung" und „Überwachungsstaat" sind spätestens seit Snowden in aller Munde.

Der Wunsch nach Privatsphäre und damit das Bedürfnis nach Datenschutz steht jedoch in einem noch viel komplexeren Spannungsfeld, veranschaulicht in Abb. 1.1:

- Datenschutz und **Wirtschaftsinteressen**
  Ganz offenbar sind Daten ein wertvolles Wirtschaftsgut. Je mehr Daten geschützt werden, desto schwieriger wird es für manche Anbieter, Daten zu nutzen, auszuwerten und zu verkaufen. Datenschutz schadet wirtschaftlichen Interessen aber nicht unbedingt, er kann auch wirtschaftliche Vorteile bringen: Datenschutz als Standortfaktor und Wettbewerbsvorteil wird immer bedeutender, nicht nur für Nischenanbieter.
- Datenschutz und **Fortschritt**
  Wissenschaft braucht Futter. Viele Erkenntnisse werden heute durch maschinelles Lernen gewonnen, basierend auf Daten. Wenn die Analyse von Daten im großen Stil helfen soll, beispielsweise Krankheiten frühzeitig zu diagnostizieren, dann müssen diese Daten offenbar zuerst einmal erhoben werden – idealerweise anonymisiert.

[1] Aus Gründen der Lesbarkeit wird im weiteren Text auf Schreibweisen wie „... des/der einzelnen Bürgers/Bürgerin ..." verzichtet. Es sind jeweils alle Menschen gemeint, nicht nur Angehörige der beiden häufigsten Geschlechter.

Abb. 1.1 Datenschutz im Spannungsfeld

- Datenschutz und **Komfort**
  Wir wünschen uns einen bequemen und komfortablen Umgang mit Technologie und müssen dazu Daten preisgeben: Wer navigieren möchte, muss seinen Standort verraten. Wer Angebote erhalten möchte, die auf die eigenen Interessen zugeschnitten sind, muss akzeptieren, dass diese Interessen ermittelt werden. Wer aktuelle Informationen über die wichtigsten Zugverbindungen haben möchte, muss akzeptieren, dass die Bahn weiß, welche Verbindungen wichtig sind – daraus lassen sich theoretisch Rückschlüsse auf Wohn- und Arbeitsort ableiten.

- Datenschutz und **Sicherheit**
  Datenschutz schützt auch die Daten von Kriminellen und *kann* damit in Konflikt zu Sicherheitsinteressen treten. Beispielsweise vertrauliche Kommunikation wird natürlich auch von Straftätern genutzt – wobei bezweifelt werden darf, dass diese sich an Verbote oder Reglementierungen halten würden; damit würden wohl eher unbescholtene Bürger getroffen. Eine freiheitliche Gesellschaft braucht Privatsphäre, auch in der digitalen Welt. „Sicherheit" zu interpretieren als „Wir nehmen uns unsere Freiheit selbst, dann kann es niemand anderes mehr tun" kann kaum zielführend sein – und würde wohl kaum funktionieren. Teilbereiche des Datenschutzes – etwa der Schutz vor Hacker-Angriffen – sind sogar originäre Sicherheitsinteressen.

In diesem komplexen Spannungsfeld wird sich jeder unterschiedlich positionieren. Egal, welche Haltung wir einnehmen: Es wird immer jemanden geben, der uns für sorglos, unvorsichtig oder gar leichtsinnig hält und Daten viel besser geschützt sehen möchte. Es wird immer jemanden geben, der uns für hysterisch und paranoid hält, unsere Datenschutz-Befürchtungen folglich als völlig überzogen einstuft.

Wir möchten hier die goldene Mitte suchen.

Nun handelt es sich bei diesem Buch nicht um eine politische Analyse. Vielmehr möchten wir hier technische Konzepte kennenlernen, wie sich vertrauliche Daten schützen lassen – sei es nun zur Wahrung der Privatsphäre oder auch zum Schutz von Geschäftsgeheimnissen:

- Es wäre peinlich, wenn ein wichtiger Manager eines wichtigen Unternehmens sein Notebook im Zug liegen lässt und der neugierige Finder dort Details zu Erfindungen und Patenten, Gerichtsverfahren, geplanten Firmenübernahmen, wirtschaftlichen Risiken, Wachstumsprognosen für einzelne Geschäftsfelder usw. finden würde.
- Es wäre peinlich, wenn besagtes Notebook einem Lehrer gehörte und dort persönliche Ansichten zu verhaltensauffälligen Schülern notiert wären, zu Hintergründen schulischer Probleme oder zu schwierigen Verhältnissen im Elternhaus.
- Es wäre peinlich, wenn besagtes Notebook einem Journalisten gehörte und dort Namen und E-Mail-Adressen von Informanten auftauchen würden.

Die Liste potenzieller Peinlichkeiten ist lang, ebenso die Liste teils skurriler Ideen.

- Da schlägt Facebook in Australien beispielsweise vor, man solle seine eigenen Nacktfotos selbst bei Facebook hochladen, um auf diese Weise eine spätere Veröffentlichung als Racheporno durch andere zu unterbinden.
  Die Logik dahinter: Ist ein Bild einmal registriert und verarbeitet, ist eine spätere Wiedererkennung möglich und eine Veröffentlichung kann verhindert werden. Selbstverständlich sollen nur wenige Mitarbeiter diese Bilder in einer unscharfen Version zu Gesicht bekommen, selbstverständlich sollen diese Mitarbeiter speziell geschult sein [fbnac1, fbnac2].

- In den USA haben bereits Arbeitgeber von Job-Kandidaten die Zugriffsdaten für deren Facebook-Account verlangt [fbjob1].
- In den USA wurde bereits über eine Social-Media-Kontrolle bei der Einreise nachgedacht [tsein1].
- In den USA haben Schulen ihre Schüler mit Notebooks ausgestattet, deren Webcam sich aus der Ferne aktivieren lässt [sscam1].
- In Russland wirbt die App FindFace damit, anhand simpler Schnappschüsse per Gesichtserkennung die dazugehörigen Social-Media-Accounts zu finden [ruffa1].

Geht's mich was an?

Sind diese Beispiele noch aktuell? Wurden diese konkreten Ideen verworfen? Handelt es sich hierbei um gesellschaftliche Tendenzen oder um extreme Einzelfälle? Geht uns das alles nichts an, weil die genannten Beispiele aus dem Ausland stammen?

Macht es überhaupt einen Unterschied, ob Daten dem Staat oder einem Privatunternehmen zur Verfügung stehen? Ist es von Bedeutung, wenn ein Privatunternehmen eine so marktdominante Stellung hat, dass an dessen Dienstleistungen quasi kein Weg mehr vorbei führt und man de-facto gezwungen ist, sich dessen Spielregeln zu unterwerfen?

Was passiert eigentlich, wenn heute jemand sagt: „Tut mir leid, aber ich habe überhaupt keinen Facebook-Account.“? Glaubt das noch irgendjemand? Wird es als akzeptabler Kollateralschaden angesehen, diese Aussage in denkbar negativster Weise zu interpretieren? „Diese Person hat offenbar etwas zu verbergen.“ Kann man Personen ohne Social-Media-Account genauso behandeln wie Menschen, bei denen ein Blick in den Account ungeliebte oder gar strafrechtlich relevante Inhalte zu Tage fördert?

Diese Fragen können und wollen wir hier nicht erörtern. Uns muss vielmehr die Erkenntnis genügen: So sehr der Staat in einer freiheitlichen Gesellschaft die gesetzlichen Rahmenbedingungen zum Schutz individueller Freiheitsrechte schafft, so sehr ist auch der Einzelne selbst in der Verantwortung, Datenschutz bewusst zu leben. Datenschutz ohne Eigenverantwortung funktioniert nicht.

Was darf der Staat? Was darf er nicht? Was darf ein Privatunternehmen? Was tue ich freiwillig?

Es geht dabei sicherlich nicht darum, dem Staat die *notwendigen* Instrumente vorzuenthalten, die er nach Abwägung aller Interessen zur Erfüllung seiner Aufgaben braucht. Ebensowenig sollte technischer Fortschritt mutwillig blockiert werden. Es geht vielmehr darum, sich selbst und den eigenen Interessen im ständigen Hin und Her angemessen Gehör zu verschaffen und auch verantwortungsbewusst zu handeln.

Traue niemandem?

Ja, diese Einstellung garantiert uns den maximal-möglichen Datenschutz – ebenso wie maximal-mögliche Rückständigkeit. Es ist schlicht nicht praktikabel, immer „nein“ zu sagen und überall die ganz große Verschwörung zu wittern.

Es geht also weniger um die pauschale „Ich traue niemandem“-Idee als darum, bewusst zu entscheiden, wem wir vertrauen und in welchem Ausmaß. Spätestens beim Staat haben wir ohnehin weniger Entscheidungsspielräume – seine Regeln und Gesetze gelten, auch wenn uns das hin und wieder nicht gefällt.

Diese Vertrauensfrage ich nicht einfach zu beantworten, letztlich werden *heute* Daten gesammelt und wir müssen uns fragen, wie diese Daten *in Zukunft* möglicherweise verwendet werden. Das kann niemand mit Sicherheit sagen.

Trotzdem möchten wir hier nicht einem reichlich paranoiden und wenig realistischem „Traue niemandem“-Ansatz zuwenden, sondern vielmehr eine „Vertrauen ist gut, Kontrolle ist besser“-Strategie verfolgen.

Jeder macht Fehler!
Schließlich ist Datenschutz auch nötig, um sich selbst vor Fehlern anderer zu schützen. In der politischen Diskussion wird gerne verschwiegen, wie fehlerbehaftet Datenverarbeitung oft ist. Wie soll ein Computer beim automatisierten Scannen von Nachrichten ernst gemeinte Inhalte von ironischen und sarkastischen Beiträgen unterscheiden, wenn selbst der Mensch oft kaum dazu in der Lage ist? Dieses Problem ließe sich wenigstens noch durch ein Ironie-Verbot im Internet lösen. Aber wie soll ein Computer Inhalte überhaupt zuverlässig interpretieren?

„Heute 23:00 Bombe?“ … „Alles klar, bin dabei!“ … Das klingt auf den ersten Blick einigermaßen erschreckend. Bevor wir aber das Sondereinsatzkommando losschicken, sollten wir möglicherweise einen kurzen Moment innehalten und uns klarmachen: „Die Bombe“ ist nicht gerade ein seltener Name für einen Club; solche Nachrichten dürften an frühen Samstagabenden massenhaft durch die Netze schwirren. Vielleicht unterhalten sich auch nur zwei Hobby-Krimi-Autoren über ihr neues, gemeinsames Projekt …

1.2 Was sind meine Daten wert?

Mehrere Hundert Euro.

Das sind zumindest die Beträge, die Erpressungstrojaner üblicherweise einfordern und die teilweise auch gezahlt werden – auf die vage Hoffnung hin, die eigenen Daten tatsächlich wiederzuerhalten.

Wir können aber auch mit etwas weniger krimineller Energie versuchen, uns ein Bild vom Wert unserer Daten zu machen:

Ein Euro. Das ist der Preis, den ca. jeder Dritte Online-Einkäufer zusätzlich bezahlen würde, wenn er die eigene Telefonnummer nicht preisgeben müsste [wert1].

Über 30 Euro. Das ist der Zeitaufwand wert, den wir in die Installation von Werkzeugen investieren, die der vertraulichen Kommunikation dienen, wie beispielsweise PGP oder verschlüsselte Messenger-Dienste [wert1].

Und welchen Wert haben unsere Daten für Unternehmen?

Bis zu 30 %. Bis zu dieser Höhe räumen Versicherer ihren Kunden Preisnachlässe ein, wenn im Gegenzug persönliche Daten zur Verfügung gestellt werden [wert1].

Verdopplung. Das kann die Wertsteigerung unseres Datensatzes sein, wenn wir bald unser erstes Kind erwarten [ftwo1].

Selbstverständlich sind das grobe Angaben, sicherlich angreifbar. Es geht hier lediglich um die Erkenntnis: Daten haben einen Wert.

Und Facebook?

Oft als „Datenkrake" verschrien verdient Facebook sicherlich eine gesonderte Betrachtung. Facebook hat leistungsfähige Rechenzentren, die Gebäude und Rechner-Hardware dürften aber kaum den wesentlichen Wert des Unternehmens ausmachen. Wichtiger ist schon das Know-how in den Köpfen der Mitarbeiter. Jedoch verfügen auch andere Unternehmen über fähige und engagierte Mitarbeiter.

Wie also ist zu erklären, dass Facebook von der Börse mit über 380 Milliarden Euro bewertet wird und damit mehr wert ist als Siemens, VW, Bayer und SAP zusammen [Stand 13.04.2018]? Wenn wir – zugegeben: ziemlich milchmädchenhaft – den Börsenwert auf die Facebook-Accounts verteilen, die zumindest einmal im Monat aktiv sind, dann sind das ca. 180 Euro pro Account – ein stolzer Betrag.

Eine mögliche Erklärung wäre, dass Börsenkurse keinerlei reale, nachvollziehbare Grundlage haben.

Eine andere Erklärung wäre, dass diese Bewertung eine sehr positive Erwartung an die Zukunft widerspiegelt. Die Frage ist nur: Wie sieht diese Zukunft aus?

Wie auch immer wir diese Zahlen drehen und wenden, es bleibt die Ahnung: Daten sind ein wertvoller Schatz, der gehoben wird und um den gekämpft wird. Wir haben gesehen, dass sich jeder Einzelne selbst positionieren muss, irgendwo zwischen völliger Sorglosigkeit und hysterischer Paranoia. Letztlich müssen wir auch selbst entscheiden, wieviel uns unsere eigenen Daten wert sind. Im Folgenden möchten wir uns mit *technischen* Maßnahmen zum Schutz unserer Daten vor unerwünschtem Zugriff beschäftigen.

Dieses Buch gliedert sich dabei in zwei Teile, die weitgehend unabhängig voneinander sind:

- Im ersten Teil untersuchen wir in der Rolle des Software-Entwicklers einige wichtige Algorithmen, insbesondere zur Verschlüsselung von Daten.
- Im zweiten Teil sehen wir uns in der Rolle des Endanwenders an, wie persönliche Daten in typischen Alltagssituationen geschützt werden können. In diesem Teil sind ausdrücklich keinerlei Programmierkenntnisse erforderlich, nicht einmal tiefgehende Kenntnisse eines Systemadministrators.

Literatur

[fbnac1] aufgerufen am 27.12.2017: http://www.sueddeutsche.de/digital/it-sicherheit-facebook-nutzer-sollen-nacktbilder-hochladen-um-sich-vor-rachepornografie-zu-schuetzen-1.3740839

[fbnac2] aufgerufen am 27.12.2017: http://www.spiegel.de/netzwelt/apps/facebook-bittet-um-nacktbilder-fuer-upload-filter-in-australien-a-1176983.html

[fbjob1] aufgerufen am 27.12.2017: https://www.welt.de/wirtschaft/webwelt/article13949183/Wenn-der-Arbeitgeber-das-Facebook-Passwort-will.html

[tsein1] aufgerufen am 27.12.2017: https://www.tagesschau.de/ausland/usa-einreise-internet-101.html

[sscam1] aufgerufen am 27.12.2017: http://www.spiegel.de/lebenundlernen/schule/vielaeugige-schule-high-school-soll-schueler-per-laptop-ausgespaeht-haben-a-679079.html

[ruffa1] aufgerufen am 27.12.2017: http://www.spiegel.de/netzwelt/web/findface-app-mit-gesichtserkennung-loest-hype-in-russland-aus-a-1092951.html

[wert1] „Der Wert persönlicher Daten – Ist Datenhandel der bessere Datenschutz?", Open Knowledge Foundation Deutschland e.V., W. Palmetshofer, A. Semsrott, A. Alberts, Sachverständigenrat für Verbraucherfragen beim Bundesministerium der Justiz und für Verbraucherschutz, Berlin 2016

[ftwo1] aufgerufen am 12.01.2018, https://ig.ft.com/how-much-is-your-personal-data-worth/

2 Algorithmen

In diesem Kapitel möchten wir uns als Software-Entwickler, der sein Interesse für Datenschutz entdeckt hat, einige grundlegende Konzepte ansehen.

M. von Rimscha, *Datenschutz – Konzepte, Algorithmen und Anwendung*,
https://doi.org/10.1007/978-3-658-22046-4_2

Sie sind gar kein Programmierer? Sie möchten gar keine eigene Software schreiben, sondern nur fertige Lösungen anwenden? Kein Problem! Kap. 3 kann unabhängig von diesem Kapitel gelesen werden. Für reine Anwender dient dieses Kapitel nur zum Nachschlagen, falls man es einmal genauer wissen möchte.

... Keine Panik!

Wir möchten dabei nicht jedes Verfahren beleuchten und auch sicherlich nicht die letzte Bit-Rotation nachvollziehen. Vielmehr soll es uns darum gehen, die grundsätzliche Idee hinter den jeweiligen Konzepten zu verstehen.

2.1 Symmetrische Verschlüsselung

Die Idee der „symmetrischen Verschlüsselung" entspricht dem, was wir uns intuitiv unter „Verschlüsselung" vorstellen und ähnelt einem Tresor; die Idee ist in Abb. 2.1 dargestellt.

Daten werden unter Verwendung eines Passworts so verfremdet, dass man genau dieses geheime Passwort benötigt, um sie wieder lesen zu können. Wer diesen Schlüssel nicht hat, sieht nur unleserlichen Datenmüll.

2.1.1 ROT

Eines der wohl simpelsten Verschlüsselungsverfahren besteht darin, die Buchstaben einer Nachricht einzeln zu ersetzen, indem sie im Alphabet verschoben werden. Diese Idee stammt aus Caesars Zeiten und lässt sich auch ohne Computer anwenden:

Wir verschlüsseln unsere Nachricht durch Verschieben aller Buchstaben um 7 Stellen im Alphabet, nach „Z" machen wir weiter bei „A":

```
                            WAHRE MEIN GEHEIMNIS
Vorwärts verschieben   ->   DHOYL TLPU NLOLPTUPZ
```

Abb. 2.1 Grundprinzip symmetrischer Verschlüsselung

Durch Verschieben aller Buchstaben um 7 Stellen zurück wird die Nachricht wieder entschlüsselt:

```
                           DHOYL TLPU NLOLPTUPZ
Rückwärts verschieben  ->  WAHRE MEIN GEHEIMNIS
```

So simpel dieses Verfahren sein mag, wir erkennen hier bereits die Grundprinzipien symmetrischer Verschlüsselung:

- **Verschlüsselung**
  Es gibt ein Verfahren zur Verschlüsselung, hier „Vorwärts verschieben".
- **Passwort**
  Es gibt ein Passwort, hier die Anzahl der Stellen, um die die Buchstaben im Alphabet verschoben werden, also 7.
- **Entschlüsselung**
  Es gibt ein Verfahren zur Entschlüsselung, das die Verschlüsselung rückgängig macht, hier „Rückwärts verschieben".

Es ist jedoch offensichtlich, dass dieses Vorgehen aus heutiger Sicht kein ernst zu nehmendes Verschlüsselungsverfahren ist – eklatante Schwächen springen uns sofort ins Auge:

- **Strukturen**
  Wenn beispielsweise „E" ein häufiger Buchstabe im ursprünglichen Text ist, dann wird auch im verschlüsselten Text ein Buchstabe entsprechend häufig auftauchen. Dieses Verfahren erhält also einige Strukturen der ursprünglichen Nachricht, was sicher nicht gut ist.
- **Angriffspunkte**
  Wenn ein einziges Paar aus Klartext und dazugehörigem verschlüsselten Text bekannt ist, kann daraus problemlos der Schlüssel abgeleitet werden. Das ist eine „Known-Plaintext"-Attacke.

Im Ergebnis ist dieses Verfahren aus heutiger Sicht bestenfalls ein Schutz gegen versehentliches Lesen einer Nachricht.

2.1.2 XOR

Ein einfacher Weg, Daten am Computer zu verschlüsseln, ist XOR. „XOR" steht dabei für „Exklusiv-oder" bzw. „Entweder oder", einfacher formuliert: „ungleich".

Werden zwei Bits mit der XOR-Operation verknüpft, so ist das Ergebnis genau dann 1, wenn die Eingabe-Bits ungleich sind, sonst 0. Auf diese Weise können Daten sehr schnell und einfach verschlüsselt werden, indem die Bits der Reihe nach ver-XOR-t werden:

```
1010 0010 1011  XOR  1011 1111 0010  ->  0001 1101 1001

Original             Passwort            Verschlüsselt
```

Die Entschlüsselung ist ebenso einfach, denn XOR ist seine eigene Umkehrung:

```
0001 1101 1001  XOR  1011 1111 0010  ->  1010 0010 1011

Verschlüsselt        Passwort            Original
```

Diese Verschlüsselung bietet bereits einige Vorteile:

- Die Implementierung am Rechner ist extrem simpel und ist insbesondere auch in sehr kostengünstiger Hardware problemlos umsetzbar.
- Die XOR-Operation ist sehr schnell, dieses Verfahren wird also sehr performant arbeiten.

Leider ist dieses Vorgehen aber kaum sicherer als ROT, denn eine „Known-Plaintext"-Attacke funktioniert auch hier wunderbar:

```
0001 1101 1001  XOR  1010 0010 1011  ->  1011 1111 0010

Verschlüsselt        Original            Passwort
```

Sobald also jemand auch nur ein einziges Mal sowohl den ursprünglichen Text als auch die verschlüsselte Version kennt, kann das Passwort direkt ermittelt werden, was nicht gut ist.

Im Ergebnis ist eine reine XOR-„Verschlüsselung" aus heutiger Sicht ebenfalls nur ein besserer Schutz gegen versehentliches Lesen, Sicherheit gegen halbwegs ernst gemeinte Angriffe bietet dieses Verfahren nicht.

Die gerade getroffene Aussage muss aber in einem wichtigen Punkt relativiert werden: Wir gehen hier von überschaubaren Schlüssellängen aus. In der Realität werden wir natürlich relativ kurze Passwörter nutzen, um relativ große Datenmengen zu verschlüsseln. Das klingt so banal, dass es kaum der Erwähnung würdig erscheint: Wer würde sich schon ein

Gigabyte großes Passwort merken, um Gigabyte große Daten zu verschlüsseln. „Merken" könnte hier ohnehin nur bedeuten: „Speichern".

Tatsächlich werden wir uns in Abschn. 2.6.1 noch ansehen, wie größere Datenmengen verschlüsselt werden. Bereits hier sei aber erwähnt:

Selbst die simple XOR-Verschlüsselung ist sicher, wenn zwei wesentliche Voraussetzungen erfüllt werden:

- **Langes Passwort**
  Wenn das Passwort mindestens so lang ist wie die zu verschlüsselnden Daten, dann schadet die einfache Struktur der XOR-Verschlüsselung nicht. Das mag auf den ersten Blick völlig widersinnig und insbesondere unrealistisch erscheinen – wer merkt sich schon Gigabyte-große Passwörter? Wir werden aber noch sehen, dass dieser Ansatz tatsächlich angewandt wird. Die Frage ist also letztlich: Wie kommen wir zu einem entsprechend langen Passwort?
- **Keine Wiederverwendung**
  XOR ist zwar durch eine „Known-Plaintext"-Attacke angreifbar. Das braucht uns aber keine Angst zu machen, wenn wir ein Passwort nur ein einziges Mal verwenden.

2.1.3 Rijndael/AES

Wir haben uns nun zwei sehr simple Verfahren angesehen, die in ihrer Reinform für moderne Anwendungen meist völlig unbrauchbar sind. Die größte Herausforderung für einen Hacker wäre wohl, überhaupt auf die Idee zu kommen, dass ein derart primitives Verfahren eingesetzt wurde.

Es ist nun also an der Zeit, aus dem Sandkasten zu steigen und uns an einen Tisch mit den Erwachsenen zu setzen. Für den allgemeinen Einsatz in modernen Umgebungen müssen symmetrische Verschlüsselungs-Algorithmen mehrere Anforderungen erfüllen:

- **Einfachheit**
  Der Algorithmus selbst und die dahinter liegende Mathematik mögen so komplex sein wie sie wollen, dementsprechend schwierig kann es für einen *Menschen* sein, das Verfahren im Detail zu verstehen.

  Für den *Rechner* muss der Algorithmus aber kompakt und einfach implementierbar sein, und zwar sowohl in Software als idealerweise auch in kostengünstiger Hardware.
- **Effizienz**
  Der Algorithmus muss sehr effizient sein und wenig Speicher verbrauchen. Die Verschlüsselung muss ohne spürbare Leistungseinbußen ablaufen.

- **Sicherheit**
  Ein hohes Maß an Sicherheit muss gewährleistet sein. Wir werden uns in Abschn. 2.5 noch genauer ansehen, was unter „Sicherheit" zu verstehen ist. Salopp gesagt bedeutet „sicher" nichts anderes als „unknackbar".

Der heute zweifellos bedeutendste symmetrische Verschlüsselungs-Algorithmus ist der **Rijndael**-Algorithmus (sprich in etwa „Räindahl"), der 1998 von **J. Daemen** und **V. Rijmen** vorgestellt wurde.

Das National Institute of Standards and Technology (NIST) in den USA hat 1997 damit begonnen, einen Nachfolger für den in die Jahre gekommenen und misstrauisch beäugten DES-Algorithmus zu suchen. Im Jahr 2000 wurde Rijndael dann als AES-Standard („**Advanced Encryption Standard**") zum DES-Nachfolger gekürt und darf seitdem ohne Übertreibung als *der* symmetrische Verschlüsselungs-Algorithmus unserer Tage bezeichnet werden [aes01].

Wie also funktioniert Rijndael?

Rijndael verschlüsselt Byte-Blöcke einer bestimmten Länge und verwendet Passwörter einer bestimmten Länge – typisch für symmetrische Verfahren. Sowohl das Passwort als auch der Datenblock dürfen 128, 160, 192, 224 oder 256 Bit lang sein, im AES-Standard sind jedoch nur Datenblöcke von 128 Bit und Passwörter mit 128, 192 oder 256 Bit vorgesehen.

Zuerst wird in Abhängigkeit der Block- und Schlüssellängen die Anzahl der Runden ermittelt, die später im Rahmen der Verschlüsselung durchlaufen werden. Vorbereitend wird außerdem der Schlüssel erweitert, so dass in jeder Runde ein anderer Teil des erweiterten Schlüssels zum Einsatz kommt. Das Vorgehen ähnelt hier einem Generator für Pseudo-Zufallszahlen: Natürlich muss die Berechnung reproduzierbar sein, soll aber keine offensichtliche Struktur in den entstehenden Daten erkennen lassen.

Die tatsächliche Verschlüsselung läuft dann in mehreren Schritten ab, die in Abb. 2.2 dargestellt sind:

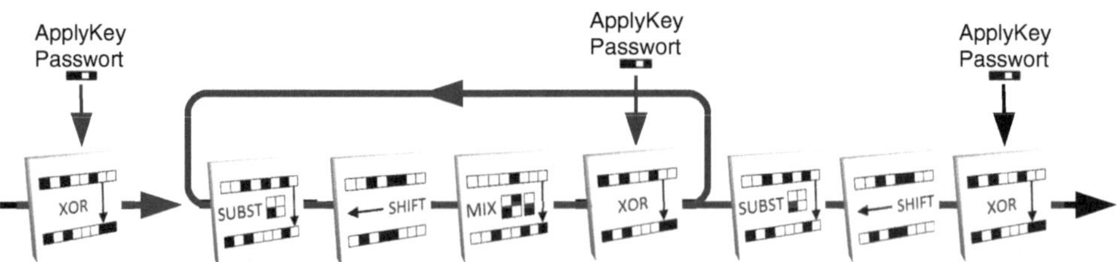

Abb. 2.2 Schematischer Ablauf des Rijndael-Algorithmus

- Initialisierungsschritt
  In einem ersten Schritt wird per „ApplyKey“ der Schlüssel mit den Daten per XOR verknüpft.
- Dann werden gemäß der ermittelten Anzahl an Runden einige Schritte mehrfach durchgeführt:
  - Substitution
    Die Daten werden byteweise ersetzt, basierend auf einer Ersetzungstabelle.
  - ShiftRows
    Die Daten werden in ihrer Position vertauscht, was bei Betrachtung als mehrzeiligem Feld dem Verschieben von Zeilen entspricht.
  - MixColumns
    Es wird wieder eine Ersetzung durchgeführt, die aber nicht auf einzelnen Bytes arbeitet. Deswegen wäre eine Tabelle unhandhabbar groß, stattdessen wird diese Ersetzung als Matrix-Multiplikation realisiert.
  - ApplyKey
    Der Schlüssel wird wieder per XOR angewandt.
- Schlussrunde
  - Substitution
    Die Daten werden byteweise ersetzt.
  - ShiftRows
    Die Daten werden verschoben.
  - ApplyKey
    Der Schlüssel wird per XOR angewandt.

Ohne ein sehr tiefes Verständnis der zugrunde liegenden Mathematik wird es uns nicht gelingen, im Detail zu verstehen, wie die einzelnen Schritte genau designt sind.

- Was wäre, wenn wir eine andere Ersetzungstabelle in „Substitution“ verwenden würden?
- Was wäre, wenn wir eine andere Ersetzung in „MixColumns“ verwenden würden?
- Was wäre, wenn wir die Zeilen in „ShiftRows“ anders verschieben würden?
- Was wäre, wenn wir eine andere Anzahl von Runden wählen würden?
- Was wäre, wenn wir die Reihenfolge der Schritte tauschen würden?
- etc.

Hätten wir dann unser eigenes super sicheres Verschlüsselungsverfahren konstruiert? Genau so sicher wie Rijndael, aber eben doch nicht identisch. Dies wäre unser eigener Algorithmus, er wäre nicht bekannt, würde von keinen Experten analysiert und wäre dementsprechend schwierig zu knacken… Oder hätten wir das ganze Kartenhaus zum Einsturz gebracht und die Sicherheit des Rijndael-Algorithmus zerstört?

Das wissen wir nicht.

Meist bleibt als Faustregel die Erkenntnis bestehen: Finger weg von Algorithmen, die von Fachleuten entworfen und ausführlich analysiert wurden – wir können es bestimmt nicht besser.

Daher verzichten wir nun darauf, die Schritte inhaltlich zu analysieren. Dazu sei auf die Spezifikation des Verfahrens verwiesen.

Eine Beispiel-Implementierung ohne jede Performance-Optimierung findet sich im Online-Bereich:

→ `https://www.springer.com/978-3-658-22045-7`

Wichtiger als die genauen mathematischen Details der einzelnen Schritte ist die Frage: Welche Ziele verfolgen Daemen und Rijmen mit ihrem Algorithmus?

- Die Daten werden unter Verwendung des Passworts per XOR verändert. Bemerkenswert ist, dass nur bei dieser einzigen Operation das Passwort überhaupt genutzt wird.
- Die Daten werden per „ShiftRows" umsortiert. Dadurch wird sichergestellt, dass sich die Verfremdung der Daten über die gesamte Blockgröße verteilt. Eine Zuordnung zwischen Daten-Byte, Passwort-Byte und Byte in den verschlüsselten Daten soll nicht möglich sein.
- Die Daten werden per „Substitution" und „MixColumns" gemäß einer festen Formel oder Tabelle ersetzt.
- Diese Schritte werden mehrfach durchlaufen, um die Daten möglichst gut „durchzuwürfeln".

Wenn wir uns das ansehen, dann wird klar: Es ist überhaupt nicht schwierig, ein symmetrisches Verschlüsselungsverfahren zu entwerfen, unserer Kreativität sind hier kaum Grenzen gesetzt. Wirklich anspruchsvoll wird diese Aufgabe erst in dem Moment, in dem wir mit unserem Algorithmus professionelle Ansprüche bezüglich Sicherheit und Performance erfüllen müssen.

Um ein Gefühl dafür zu entwickeln, wie die Verschlüsselung mit Rijndael in Realität arbeitet, sehen wir uns nun einen Durchlauf an. Wie vergleichen dazu die „Original"-Verschlüsselung der Daten „Meine Daten" mit dem Passwort „Das ist mein geheimes Passwort" mit zwei leicht abweichenden Varianten:

- Wir lassen das Passwort unverändert und ändern die Daten von „***M***eine Daten" in „***D***eine Daten"
- Wir lassen die Daten unverändert und ändern das Passwort von „Das ist ***m***ein geheimes Passwort" in „Das ist ***d***ein geheimes Passwort"

Wir wählen hierzu die sicherste Variante der AES-Verschlüsselung, also die Verschlüsselung eines 128-Bit-Datenblocks mit einem 256-Bit-Passwort.

Im Folgenden sind die Bytes markiert, die sich bei der jeweiligen Variante der Verschlüsselung im Vergleich zur „Original"-Verschlüsselung unterscheiden.

```
Schlüssel nach ExpandKey():
Original            Andere Daten          Anderes Passwort
44617320  Das       44617320  Das         44617320  Das     Init
69737420  ist       69737420  ist         69737420  ist
6d65696e  mein      6d65696e  mein        6465696e  dein
20676568   geh      20676568   geh        20676568   geh
65696d65  eime      65696d65  eime        65696d65  eime    Runde 1
73205061  s Pa      73205061  s Pa        73205061  s Pa
7373776f  sswo      7373776f  sswo        7373776f  sswo
72740000  rt..      72740000  rt..        72740000  rt..
d7021060  ...`      d7021060  ...`        d7021060  ...`    Runde 2
be716440  .qd@      be716440  .qd@        be716440  .qd@
d3140d2e  ....      d3140d2e  ....        da140d2e  ....
f3736846  .shF      f3736846  .shF        fa736846  .shF
68e6283f  h.(?      68e6283f  h.(?        48e6283f  H.(?    Runde 3
1bc6785e  ..x^      1bc6785e  ..x^        3bc6785e  ;.x^
68b50f31  h..1      68b50f31  h..1        48b50f31  H..1
1ac10f31  ...1      1ac10f31  ...1        3ac10f31  :..1
ad74d7c2  .t..      ad74d7c2  .t..        ad74d7e0  .t..    Runde 4
1305b382  ....      1305b382  ....        1305b3a0  ....
c011beac  ....      c011beac  ....        c911be8e  ....
3362d6ea  3b..      3362d6ea  3b..        3362d6c8  3b..
ab4cdeb8  .L..      ab4cdeb8  .L..        8b4cded7  .L..    Runde 5
b08aa6e6  ....      b08aa6e6  ....        b08aa689  ....
d83fa9d7  .?..      d83fa9d7  .?..        f83fa9b8  .?..
c2fea6e6  ....      c2fea6e6  ....        c2fea689  ....
125059e7  .PY.      125059e7  .PY.        125070c5  .Pp.    Runde 6
0155ea65  .U.e      0155ea65  .U.e        0155c365  .U.e
c14454c9  .DT.      c14454c9  .DT.        c8447deb  .D}.
f2268223  .&.#      f2268223  .&.#        fb26ab23  .&.#
22bbcd9e  "...      22bbcd9e  "...        84bbbcf1  ....    Runde 7
92316b78  .1kx      92316b78  .1kx        34311a78  41.x
4a0ec2af  J...      4a0ec2af  J...        cc0eb3c0  ....
88f06449  ..dI      88f06449  ..dI        0ef01549  ...I
96136223  ..b#      96136223  ..b#        96094b6e  ..Kn    Runde 8
97468846  .F.F      97468846  .F.F        975c880b  .\..
5602dc8f  V...      5602dc8f  V...        5f18f5e0  _...
a4245eac  .$^.      a4245eac  .$^.        a43e5ec3  .>^.
6b8d950f  k...      6b8d950f  k...        cd09e4df  ....    Runde 9
f9bcfe77  ...w      f9bcfe77  ...w        f938fea7  .8..
b3b23cd8  ..<.      b3b23cd8  ..<.        35364d67  56Mg
3b425891  ;BX.      3b425891  ;BX.        3bc6582e  ;.X.
aa79e3c1  .y..      aa79e3c1  .y..        32637a8c  2cz.    Runde 10
3d3f6b87  =?k.      3d3f6b87  =?k.        a53ff287  .?..
6b3db708  k=..      6b3db708  k=..        fa270767  .'.g
```

```
cf19e9a4  ....   cf19e9a4  ....   5e1959a4  ^.Y.
e1598b46  .Y.F   e1598b46  .Y.F   95dd2f96  ../.   Runde 11
18e57531  ..ul   18e57531  ..ul   6ce5d131  l..1
ab5749e9  .WI.   ab5749e9  .WI.   59d39c56  Y..V
90151178  ...x   90151178  ...x   6215c478  b..x
d3fb5fa1  .._.   d3fb5fa1  .._.   4b7fc626  K..&   Runde 12
eec43426  ..4&   eec43426  ..4&   ee4034a1  .@4.
85f9832e  ....   85f9832e  ....   146733c6  .g3.
4ae06a8a  J.j.   4ae06a8a  J.j.   4a7e6a62  J~jb
37b88938  7..8   37b88938  7..8   432e2d3c  C.-<   Runde 13
2f5dfc09  /]..   2f5dfc09  /]..   2fcbfc0d  /...
840ab5e0  ....   840ab5e0  ....   7618605b  v.`[
141fa498  ....   141fa498  ....   140da423  ...#
53b2195b  S..[   53b2195b  S..[   dc36e0dc  .6..   Schlussrunde
bd762d7d  .v-}   bd762d7d  .v-}   3276d47d  2v.}
388fae53  8..S   388fae53  8..S   2611e7bb  &...
726fc4d9  ro..   726fc4d9  ro..   6c6f8dd9  lo..
```

Wir erkennen hier, dass sich eine minimale Änderung im Passwort langsam fortpflanzt, so dass die hinteren Blöcke des erweiterten Passworts kaum mehr Ähnlichkeiten mit dem Original-Passwort aufweisen.

Nun sehen wir uns den Ablauf der eigentlichen Verschlüsselung an. Dazu ist im Folgenden jeweils der Datenblock nach jedem Schritt dargestellt:

```
Ursprüngliche Daten:
4d65696e  Mein   4465696e  Dein   4d65696e  Mein
65204461  e Da   65204461  e Da   65204461  e Da
74656e00  ten.   74656e00  ten.   74656e00  ten.
00000000  ....   00000000  ....   00000000  ....

Initialisierung nach ApplyKey(0):
09041a4e  ...N   00041a4e  ...N   09041a4e  ...N
0c533041  .SOA   0c533041  .SOA   0c533041  .SOA
1900076e  ...n   1900076e  ...n   1000076e  ...n
20676568   geh   20676568   geh   20676568   geh
```

Wir erkennen hier, dass die simple XOR-Verschlüsselung in „ApplyKey" bitweise arbeitet. Eine Änderung in den Daten bzw. dem Passwort wirkt sich also nur lokal an einer einzigen Stelle aus. Die Daten unterscheiden sich nach dem Initialisierungsschritt also kaum.

```
Runde 1 nach SubstituteBytes:
01f2a22f  .../   63f2a22f  c../   01f2a22f  .../
feed0483  ....   feed0483  ....   feed0483  ....
d463c59f  .c..   d463c59f  .c..   ca63c59f  .c..
b7854d45  ..ME   b7854d45  ..ME   b7854d45  ..ME
```

Wir erkennen hier, dass „SubstituteBytes“ byteweise arbeitet, sich Änderungen folglich wieder nur sehr lokal auswirken.

```
Runde 1 nach ShiftRows:
01edc545  ...E    63edc545  c..E    01edc545  ...E
fe634d2f  .cM/    fe634d2f  .cM/    fe634d2f  .cM/
d485a283  ....    d485a283  ....    ca85a283  ....
b7f2049f  ....    b7f2049f  ....    b7f2049f  ....
```

ShiftRows verschiebt Änderungen lediglich, bei geschickter Platzierung ändert sich jedoch gar nichts.

```
Runde 1 nach MixColumns:
aed1b2a1  ....    6ab3d007  j...    aed1b2a1  ....
20c07669   .vi    20c07669   .vi    20c07669   .vi
06bb905d  ...]    06bb905d  ...]    3aa58e7f  :...
e3dbf711  ....    e3dbf711  ....    e3dbf711  ....
```

MixColumns arbeitet nicht byteweise, also weitet sich die Änderung nun auf einen größeren Bereich aus.

```
Runde 1 nach ApplyKey:
cbb8dfc4  ....    0fdabd62  ...b    cbb8dfc4  ....
53e02608  S.&.    53e02608  S.&.    53e02608  S.&.
75c8e732  u..2    75c8e732  u..2    49d6f910  I...
91aff711  ....    91aff711  ....    91aff711  ....
```

Nach Runde 1 sind wir noch nicht allzu begeistert: Ein großer Teil der Daten ist noch immer identisch. Wir schöpfen aber Hoffnung aus der Tatsache, dass sich immerhin schon 4 Bytes unterscheiden, obwohl wir doch nur ein einziges Byte in den Daten bzw. dem Passwort geändert haben. Also sind wir gespannt, was in den nächsten Runden passiert …

```
Runde 2 nach SubstituteBytes:
1f6c9e1c  .l..    76577aaa  vWz.    1f6c9e1c  .l..
ede1f730  ...0    ede1f730  ...0    ede1f730  ...0
9de89423  ...#    9de89423  ...#    3bf699ca  ;...
81796882  .yh.    81796882  .yh.    81796882  .yh.
```

```
Runde 2 nach ShiftRows:
1fe19482  ....    76e19482  v...    1fe19982  ....
ede8681c  ..h.    ede868aa  ..h.    edf6681c  ..h.
9d799e30  .y.0    9d797a30  .yz0    3b799e30  ;y.0
816cf723  .l.#    8157f723  .W.#    816cf7ca  .l..
```

„ShiftRows“ führt jetzt zu einem „Zerreißen“ der Änderungen.

```
Runde 2 nach MixColumns:
10e3504b  ..PK   c28a39f0  ..9.   1df44a46  ..JF
9682f194  ....   203430e3   40.   b4beef8a  ....
04e6933b  ...;   e0d140df  ..@.   534035ca  S@5.
79787d45  yx}E   340e467e  4.F~   90915d8c  ..].
```

Bereits nach „MixColumns“ in der zweiten Runde unterscheiden sich die Daten im gesamten Bereich. Bemerkenswert ist, dass zu diesem Zeitpunkt die beiden Passwörter noch nahezu identisch sind; die Abweichungen, die durch „ExpandKey“ entstanden sind, sind noch gar nicht zum Tragen gekommen.

Wir möchten nun auf eine detaillierte Analyse der restlichen Durchläufe verzichten, denn bereits jetzt zeigt sich: Minimale Änderungen sorgen bereits für ein völlig anderes Ergebnis – so wie es sein soll. Am Ende ergibt sich:

```
Verschlüsselte Daten:
efd8b510  ....   04ac1df3  ....   d5f4e5cf  ....
9f6dc1be  .m..   7fe8854c  ...L   315c9be4  1\..
7c5d8e4f  |].O   3635dbaa  65..   7dbc9165  }..e
79e1c1d6  y...   c85e88de  .^..   1e9de149  ...I
```

Wir haben nun die Funktionsweise eines professionellen symmetrischen Verschlüsselungs-Algorithmus untersucht. Eine Frage, die wir hier nicht beantworten können, ist: „Wie sicher ist das Verfahren?“ Wäre es mit genügend mathematischen Kenntnissen möglich, die Verschlüsselung zu knacken?

Es ist banal, zu erkennen, dass man jede Verschlüsselung knacken kann, indem man schlicht alle möglichen Passwörter durchtestet. Eine solche „Brute-Force“-Attacke funktioniert immer, ist aber extrem aufwändig.

Die eigentliche Frage ist also: Ist es möglich, nach eingehender Analyse der einzelnen Rechenschritte ein Verfahren zu finden, das die Verschlüsselung knackt, *ohne* dabei alle möglichen Passwörter durchzutesten?

- Lange Folgen von 0-Bits in den verschlüsselten Daten legen nahe, dass entweder das Passwort oder die Original-Daten ebenfalls lange Folgen von 0-Bits enthalten. Stimmt das?
- Wenn an einer bestimmten Stelle in den verschlüsselten Daten ein 1-Bit steht, dann ist die Wahrscheinlichkeit groß, dass an der entsprechenden Stelle der Original-Daten ein 0-Bit steht, falls das Passwort an einer bestimmten Stelle ebenfalls ein 0-Bit enthält. Stimmt das?
- …

Diese Aussagen sind bezogen auf Rijndael frei erfunden und sollen lediglich exemplarisch veranschaulichen, welche Art von Erkenntnissen helfen könnten, eine Verschlüsselung zu knacken – das entsprechende Verschlüsselungsverfahren wäre nicht sicher.

Diese Frage zu beantworten übersteigt unsere Fähigkeiten. Wir geben uns jedoch damit zufrieden, dass seit der Veröffentlichung des Rijndael-Algorithmus 1998 in immerhin ca. 20 Jahren kein ernsthafter, praxisrelevanter Angriff bekannt wurde, der berechtigte Zweifel an der Sicherheit des Verfahrens begründet hätte – Anstrengungen gab es sicherlich genügend.

2.1.4 Sonstige

Die heute bedeutendsten symmetrischen Verschlüsselungs-Algorithmen neben Rijndael sind die vier weiteren Verfahren, die es bis in die Endrunde für die Auswahl des AES-Algorithmus geschafft haben:

- **Twofish** wurde von **B. Schneier, N. Ferguson, J. Kelsey, D. Whiting, D. Wagner** und **C. Hall** vorgestellt.
- **Serpent** wurde von **R. Anderson, E. Biham** und **L. Knudsen** vorgestellt.
- **MARS** wurde von **D. Coppersmith** vorgestellt.
- **RC6** wurde von **R. Rivest** vorgestellt.

Bei genauerer Betrachtung enden wir jedoch am gleichen Punkt wie bei Rijndael: Wir können die einzelnen Schritte nachvollziehen und bei Bedarf implementieren, aber wir können nicht beurteilen, *warum* das Verfahren sicher ist.

Aus diesem Grund möchten wir uns nun einem Thema zuwenden, das auf den ersten Blick viel schwieriger klingt, tatsächlich aber erstaunlich einfache Lösungen bietet: der asymmetrischen Verschlüsselung.

2.2 Asymmetrische Verschlüsselung

Wir haben gesehen, dass symmetrische Verschlüsselung auf einem Konzept basiert, das intuitiv völlig logisch erscheint:

Daten werden unter Verwendung eines Passworts ver- und entschlüsselt.

Die Verschlüsselung entspricht einem Tresor, das Passwort entspricht dem Schlüssel. Dieser Ansatz ist jedoch bei Weitem nicht alternativlos. Vielmehr gerät er sehr schnell an seine Grenzen, etwa wenn wir uns die Frage stellen:

Was ist zu tun, wenn wir über größere Distanzen hinweg kommunizieren möchten?

Wir müssten uns mit unserem Gesprächspartner auf ein gemeinsames geheimes Passwort einigen und genau hier liegt das Problem: Wie soll das gehen?

Berittene Kuriere, Flaschenpost, Brieftauben, Rauchzeichen … nichts davon ist geeignet.

Wir suchen nun also einen Weg, Daten zwischen zwei Beteiligten auszutauschen, *ohne* ein gemeinsames Geheimnis hüten zu müssen: das Passwort nämlich.

Die grundsätzliche Idee dahinter besteht darin, Passwörter zu nutzen, die aus einem öffentlichen und einem privaten Teil bestehen – daher auch die Bezeichnung „**Public Key Cryptography**". Die Idee ist in Abb. 2.3 dargestellt.

Wie der Name schon suggeriert, geben wir den öffentlichen Teil unseres Passworts bekannt, diese Information darf ohne jede Einschränkung *jeder* haben – öffentliche Schlüssel werden sprichwörtlich „veröffentlicht". Den privaten Teil des Passworts behalten wir aber für uns, *niemand* bekommt ihn zu sehen, auch nicht unser Kommunikationspartner.

Im Ergebnis bedeutet das, dass in der Kommunikation zwischen Sender und Empfänger jede der beiden Parteien über *drei* Schlüsselteile verfügt, nämlich den privaten und den

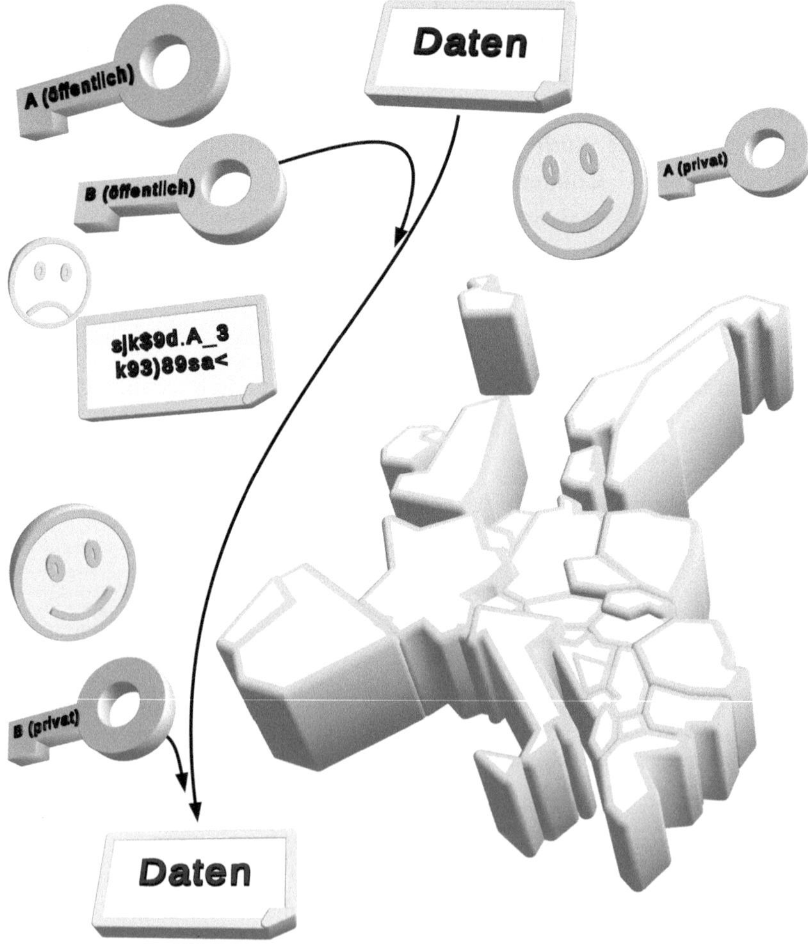

Abb. 2.3 Grundprinzip asymmetrischer Verschlüsselung

öffentlichen Teil des eigenen Schlüssels sowie den öffentlichen Teil – und nur diesen – des Schlüssels des Kommunikations-Partners.

Um Daten zu verschlüsseln, verwendet der Absender A den öffentlichen Schlüssel des Empfängers B. Da nur B in Besitz des dazugehörigen privaten Schlüssels ist, kann nur B die Daten wieder entschlüsseln. Auf dem Transportweg ist nur unleserlicher Datenmüll zu sehen.

2.2.1 RSA

Es ist nach derzeitigem Kenntnisstand nicht einfach, eine große Zahl in ihre Primfaktoren zu zerlegen. Es wurde zwar noch kein mathematischer Beweis dafür gefunden, dass diese Aufgabe auf einem herkömmlichen Rechner nicht effizient zu lösen ist, es glaubt aber vermutlich kaum mehr jemand daran.

Aus dieser simplen mathematischen Tatsache ergibt sich eine interessante Möglichkeit zur Verschlüsselung von Daten:

Wir suchen uns zwei große Primzahlen und multiplizieren diese. Das ist eine einfache Aufgabe, wir können dazu fertige Primzahl-Tabellen verwenden, gegebenenfalls gehen wir auch das Risiko ein und sind mit Pseudo-Primzahlen zufrieden. Das Ergebnis ist eine sehr große Zahl, sie hat etwa doppelt so viele Stellen wie unsere beiden Primzahlen. Wir sind aber die einzigen, die die Primfaktor-Zerlegung dieser großen Zahl kennen, für den Rest der Welt ist es eine kaum lösbare Aufgabe, diese Zerlegung zu finden.

Genau darauf basiert der RSA-Algorithmus, der 1978 von **R. Rivest**, **A. Shamir** und **R. Adelman** vorgestellt wurde [rsa70]. Die Schlüssel werden folgendermaßen ermittelt:

1. Wir suchen uns zwei Primzahlen p_1 und p_2
   Wir verwenden beispielsweise $p_1 = 883411$ und $p_2 = 548567$.
2. Wir berechnen $P = p_1 \cdot p_2$
   In unserem Beispiel ergibt sich $P = 484610122037$.
3. Wir berechnen $F = (p_1 - 1) \cdot (p_2 - 1)$
   In unserem Beispiel ergibt sich $F = 484608690060$.
4. Wir wählen eine Zahl t mit $t > 1$ und $t < F$, die teilerfremd zu F ist.
   Es gibt hierzu unterschiedliche Strategien. Wir wählen eine Primzahl, die mindestens 1/4 der Dezimalstellen von P hat [rsaw90].
   In unserem Beispiel wählen wir $t = 1783$.
5. Wir berechnen die Zahl i als Inverses zu t bezüglich der Multiplikation modulo F, das heißt es muss gelten $(t \cdot i) \bmod F = 1$.
   In unserem Beispiel ergibt sich $i = 421008895627$.

Der öffentliche Schlüssel besteht nun aus den beiden Zahlen t und P.

Der private Schlüssel besteht aus den Zahlen i und P.

Nun müssen wir unsere Nachrichten nur noch in eine Zahl n < P umwandeln und können sehr einfach Botschaften für einen bestimmten Empfänger verschlüsseln, das heißt nur er kann sie lesen. Dazu brauchen wir ihn nie getroffen zu haben, und es muss auch kein wohl gehütetes gemeinsames Geheimnis geben.

Um eine Nachricht n zu verschlüsseln, berechnen wir n^t mod P, wobei t und P die beiden Teile des öffentlichen Schlüssels des Empfängers sind.

In unserem Beispiel ergibt sich für die Nachricht 42 der Wert 445742477204.

Um eine verschlüsselte Nachricht v zu entschlüsseln, berechnet der Empfänger mit seinem privaten Schlüssel i und P den Wert v^i mod P und erhält wieder die originale Nachricht.

In ähnlicher Weise kann der RSA-Algorithmus auch eingesetzt werden, um eine Nachricht zu **signieren**, so dass der Empfänger sicher ist, dass die Nachricht auch tatsächlich vom angeblichen Absender stammt.

Hierzu wird der Sender eine Prüfsumme s < P seiner Nachricht berechnen.

In unserem Beispiel verwenden wir die Quersumme der Ziffern, also 6.

Um die Nachricht zu signieren, verschlüsselt der Sender s mit seinem privaten Schlüssel, berechnet also s^i mod P.

In unserem Beispiel ergibt sich für die Prüfsumme der Wert 65636526687.

Der Empfänger entschlüsselt diese verschlüsselte Signatur v mit dem öffentlichen Schlüssel des Senders, berechnet also v^t mod P . Parallel dazu entschlüsselt er die eigentliche Nachricht und berechnet selbst deren Prüfsumme. Diese muss mit der eben entschlüsselten Signatur übereinstimmen.

Die Implementierung von RSA ist einfach, wenn uns die notwendigen Operationen für große ganze Zahlen in Form einer Bibliothek zur Verfügung stehen.

2.2.2 McEliece

Bei Rijndael haben wir den mathematischen Unterbau ignoriert, bei RSA haben wir uns damit zufrieden gegeben, dass es nicht ohne Weiteres möglich ist, eine große Zahl in ihre Primfaktoren zu zerlegen.

Nun wird es Zeit für ein sehr anschauliches und mathematisch nicht allzu schwieriges Verfahren.

Dazu möchten wir uns mit einem Algorithmus befassen, den **R.J. McEliece** bereits 1978 vorgestellt hat [mce78]. Wir benötigen hierzu nur ganz wenig Mathematik, die sich zudem sehr schön visualisieren lässt.

Die Basis sind – wie so oft – ganz einfache Bit-Operationen, nämlich AND und XOR.

AND bezeichnet das binäre „UND“, also:

```
0 AND 0 -> 0 ,  0 AND 1 -> 0 ,
1 AND 0 -> 0 ,  1 AND 1 -> 1
```

XOR haben wir bereits kennengelernt und bezeichnet das binäre „UNGLEICH":

```
0 XOR 0 -> 0 ,  0 XOR 1 -> 1 ,
1 XOR 0 -> 1 ,  1 XOR 1 -> 0
```

Der nächste Schritt besteht nun darin, Bits nicht einzeln zu betrachten, sondern in rechteckigen Feldern zu notieren, den Matrizen. Die sehen etwa so aus:

```
011
011
001                  0011
011    oder auch     1000
011                  1010
101
```

Eine wesentliche Operation ist nun die Multiplikation von Matrizen. Um zwei Matrizen miteinander multiplizieren zu können, muss die linke Matrix genauso viele Spalten haben wie die rechte Matrix Zeilen hat. Das Ergebnis hat dann so viele Zeilen wie die linke und so viele Spalten wie die rechte Matrix. Den Ablauf der Multiplikation sehen wir in Abb. 2.4.

Um das Element in der Ergebnis-Matrix in Zeile z und Spalte s zu berechnen, benötigen wir die z-te Zeile der linken und die s-te Spalte der rechten Matrix. Die Zeile wird dann von links nach rechts, die Spalte von oben nach unten durchlaufen, die jeweiligen Bits werden paarweise ver-UND-et und die Ergebnisse dann ver-XOR-t. Das markierte Element berechnet sich also:

```
    (0 AND 1)  XOR  (1 AND 0)  XOR  (1 AND 1)
->  0 XOR 0 XOR 1
->  1
```

So, das war's auch schon.

Die binäre Matrix-Multiplikation ist die wesentliche mathematische Operation, die wir im McEliece-Algorithmus benötigen.

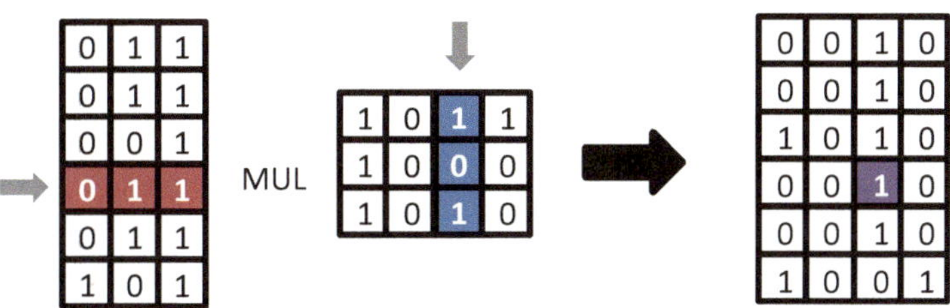

Abb. 2.4 Ablauf der Matrix-Multiplikation

Verschlüsselung

Wie kann man nun mit binären Matrizen Daten verschlüsseln?

Wir schreiben dazu unsere Daten d als Vektor – der nichts anderes ist als eine Matrix mit nur einer einzigen Spalte. Die Verschlüsselung erfolgt nun, indem wir die Daten mit einer zufällig befüllten quadratischen Verschlüsselungs-Matrix A multiplizieren; wir erhalten die verschlüsselten Daten v:

```
A:          d:      v:
0011        0       1
1001  MUL   1  ->   0
0001        1       0
1110        0       0
```

Die Entschlüsselung läuft genauso ab, wir verwenden dazu die Entschlüsselungs-Matrix B:

```
B:          v:      e:
0110        1       0
1101  MUL   0  ->   1
1010        0       1
0010        0       0
```

Die offensichtlichen Fragen lauten nun:

Woher nehmen wir die Verschlüsselungs-Matrix A? Wie kommen wir zu einer dazu passenden Entschlüsselungs-Matrix B?

Dazu betrachten wir zunächst eine besondere Matrix, die Identitäts-Matrix Id:

```
1000
0100
0010
0001
```

Diese Matrix hat die Eigenschaft, nichts zu tun, wenn man sie mit einer anderen Matrix multipliziert.

Wir schreiben nun unsere zufällig befüllte Verschlüsselungs-Matrix A links und die Identität Id rechts nebeneinander:

```
A:  Id:
00111000
10010100
00010010
11100001
```

Nun Ver-XOR-en wir Zeilen in dieser Matrix so lange, bis auf der *linken* Seite die Identitäts-Matrix steht. Auf der rechten Seite ist dann die Matrix B entstanden:

```
Id: B:
10000110
01001101
00101010
00010010
```

Dieses Vorgehen entspricht dem Gauß'schen Eliminations-Verfahren. B ist die zu A passende Entschlüsselungs-Matrix, das heißt wenn wir A und B multiplizieren, erhalten wir die Identität Id.

Dieser Vorgang ist jedoch nicht für jede Matrix A erfolgreich, A ist in diesem Fall als Verschlüsselungs-Matrix nicht verwendbar – mathematisch formuliert ist A nicht invertierbar. Das schadet aber nicht, denn wir probieren dann einfach eine andere zufällig befüllte Matrix A. Wir haben hier gute Chancen, denn mit steigender Größe steigt die Wahrscheinlichkeit, dass eine Zufalls-Matrix invertierbar ist und sich damit zur Verschlüsselung eignet.

Permutation

Eine Sonderform quadratischer Verschlüsselungs-Matrizen ist die Permutations-Matrix. Sie hat in jeder Zeile und in jeder Spalte nur einen einzigen 1-Eintrag, der Rest der Matrix ist 0. Auf eine andere Matrix angewendet ändert sie nicht die *Anzahl* der gesetzten Bits, sondern lediglich deren *Reihenfolge*.

```
P:
0100        0       1
0001  MUL   1  ->   0
1000        1       0
0010        0       1
```

Fehlerkorrektur

Binäre Matrizen können auch eingesetzt werden, um Fehler zu korrigieren. Dazu sehen wir uns folgende Matrix an:

```
1000
0100
0010
0001
1000
0100
0010
```

```
0001
1000
0100
0010
0001
```

Hier handelt es sich offenbar um drei untereinander geschriebene Identitäts-Matrizen. Auf einen Vektor angewendet wird dieser Vektor schlicht dreimal kopiert:

```
1000                1
0100                0
0010                1
0001                1
1000         1      1
0100         0      0
0010   MUL   1  ->  1
0001         1      1
1000                1
0100                0
0010                1
0001                1
```

Im Ergebnis-Vektor können wir nun an einer beliebigen Stelle ein Bit kippen:

```
1      1
0      0
1      1
1      1
1      0  hier ist ein Bit gekippt
0      0
1  ->  1
1      1
1      1
0      0
1      1
1      1
```

Wenn wir den entstehenden Vektor wieder in drei Teile zerlegen …

```
1  0     1
0  0     0
1 , 1 und 1
1  1     1
```

… dann kann der ursprüngliche Vektor durch simplen Mehrheitsentscheid gefunden werden und ergibt sich als

```
1
0
1
1
```

Auf diese Weise können wir sehr einfach e Fehler korrigieren, indem wir als Fehlerkorrektur-Matrix $2 \cdot e + 1$-mal die Identitäts-Matrix untereinander schreiben.

Die Daten mehrfach zu kopieren führt ohne Zweifel zum Ziel, ist aber nicht übermäßig elegant. Die Frage ist also: Gelingt es uns, Matrizen zu finden, die wesentlich kompakter sind und mehr Fehler korrigieren können? Dazu sehen wir uns die Matrizen in Abb. 2.5 an, die wieder zufällig belegt sind.

Abb. 2.5 Kleine fehlerkorrigierende Matrizen

Sie haben 16, 20 bzw. 24 Zeilen und können bereits drei, vier bzw. fünf Fehler korrigieren. Durch Kopieren der Identitäts-Matrix würden wir dazu schon $4 \cdot (2 \cdot 3 + 1) = 28$, 36 bzw. 44 Zeilen benötigen.

Tatsächlich haben wir gute Chancen, durch zufälliges Befüllen einer Matrix eine Fehlerkorrektur-Matrix zu erhalten, die Frage ist aber: Wie können wir prüfen, ob eine Matrix wirklich in der Lage ist, maximal e Fehler zu korrigieren?

Bei der mehrfachen Kopie der Identitäts-Matrix war das völlig offensichtlich, bei zufällig belegten Matrizen können wir aber auf keinerlei Struktur hoffen. Um zu prüfen, ob eine Matrix F bis zu e Fehler korrigieren kann, gehen wir ganz einfach vor:

- Wir testen jeden möglichen Eingabe-Vektor i.
  Bei einem 4-Bit-Vektor sind das 16 Varianten.
- Wir wenden unsere Matrix F auf jeden dieser 4-Bit-Eingabe-Vektoren i an und testen im resultierenden Vektor jede mögliche Änderung von maximal e Bits.
  Bei einem 24-Bit-Vektor und maximal $e = 5$ Fehlern sind das immerhin $1 + 24 + 276 + 2024 + 10626 + 42504 = 55455$ Varianten von potenziell fehlerbehafteten Vektoren f pro Vektor i.
- Für jeden dieser 24-Bit-Vektoren f mit gegebenenfalls gekippten Bits testen wir wiederum jeden möglichen 4-Bit-Eingabe-Vektor t. Wir wenden die Matrix F auf diesen Vektor t an, erhalten dabei wieder einen 24-Bit-Vektor v und prüfen, ob sich f und v in höchstens e Bits unterscheiden. Das darf nur ein einziges Mal der Fall sein, nämlich wenn t genau i entspricht.

Mit genau dieser Logik können wir dann auch Fehler korrigieren.

Dieses Vorgehen ist recht simpel, wir erkennen aber leider auch, wie aufwändig die Berechnung ist. Wirklich große Matrizen, die beispielsweise einen 256-Bit-Vektor verarbeiten, können wir so nicht mehr erstellen.

Die nächste Frage ist nun also: Wir kommen wir zu größeren Fehlerkorrektur-Matrizen, ohne den Rechenaufwand zu sehr explodieren zu lassen? Dazu verteilen wir zunächst mehrere der eben beschriebenen Block-Matrizen auf der Diagonale einer größeren Matrix, wie in Abb. 2.6 dargestellt.

Jeder der vier farbig markierten Blöcke bearbeitet nur den entsprechenden Teil des Vektors. Wenn nun jeder dieser Blöcke beispielsweise drei Fehler korrigieren kann, dann kann die gesamte Matrix ebenfalls drei Fehler sicher korrigieren – bei geschickter Platzierung natürlich mehr, aber darauf können wir uns nicht verlassen. Diese Idee kombinieren wir nun mit der Fehlerkorrektur durch simple Kopie und erhalten eine noch größere Matrix gemäß Abb. 2.7.

Wie viele Fehler kann diese Matrix nun korrigieren?

Wenn die gleiche Matrix dreimal untereinander steht, dann kann durch diese Kopie ein einziger Fehler korrigiert werden. Wenn nun die einzelnen Blöcke jeweils drei Fehler korrigieren können, dann bedeutet das im Ergebnis:

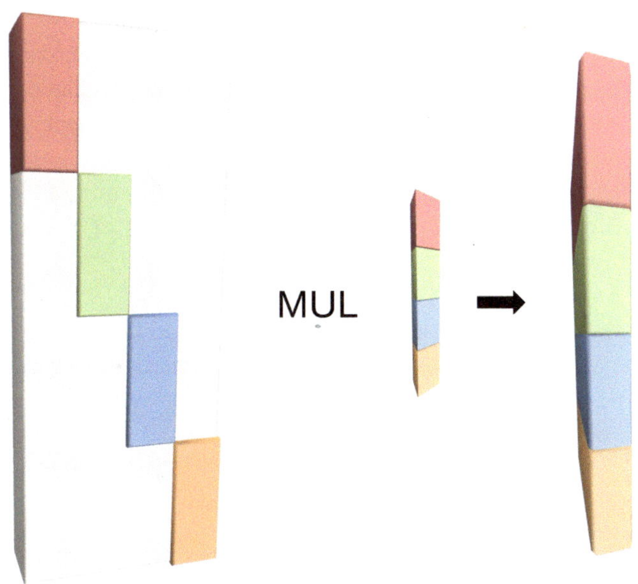

Abb. 2.6 Größere fehlerkorrigierende Matrix

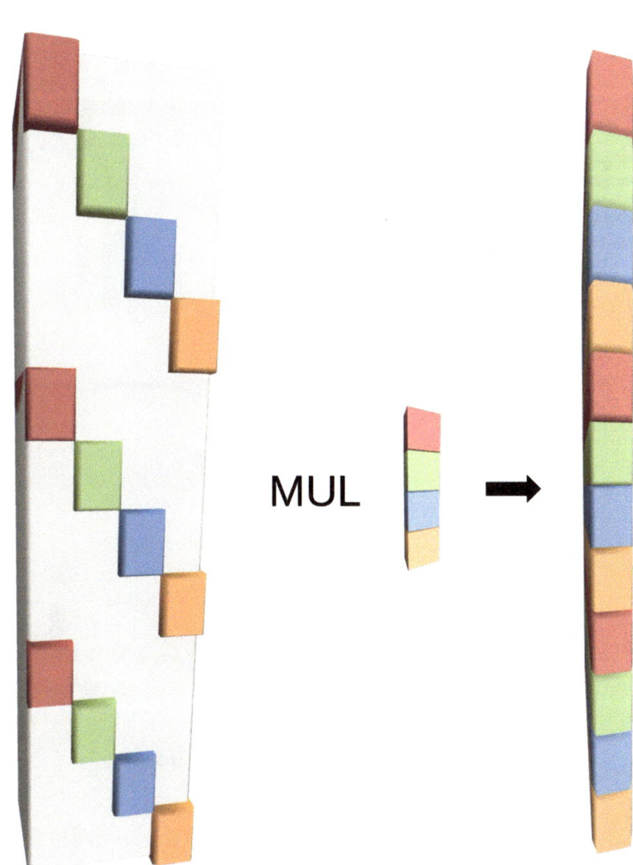

Abb. 2.7 Fehlerkorrigierende Matrix mehrfach kopiert

Wenn die Bitfehler unglücklich platziert sind – wovon wir ausgehen müssen – dann genügen vier Fehler, um einen Block zu zerstören, das Ganze muss wiederum zweimal passieren, um auch durch die Kopie nicht mehr reparabel zu sein.

Allgemein bedeutet das: k untereinander geschriebene Matrizen, deren Blöcke jeweils b Fehler korrigieren können, sind im Ergebnis in der Lage, $(b+1)\cdot((k-1)/2+1)-1$ Fehler zu korrigieren, denn wir brauchen b + 1 richtig platzierte Fehler, um überhaupt einen Block zu verfälschen und das Ganze $(k-1)/2+1$ mal, um die Kopie zu überlisten.

Asymmetrische Verschlüsselung

Das war gar nicht so schwierig und wir sind tatsächlich schon am Ziel angelangt:

Mit einer Verschlüsselungs-Matrix, einer Fehlerkorrektur-Matrix und einer Permutations-Matrix haben wir alles in der Hand, was wir zur asymmetrischen Verschlüsselung von Daten benötigen.

Das Ergebnis ist der Algorithmus nach McEliece gemäß Abb. 2.8.

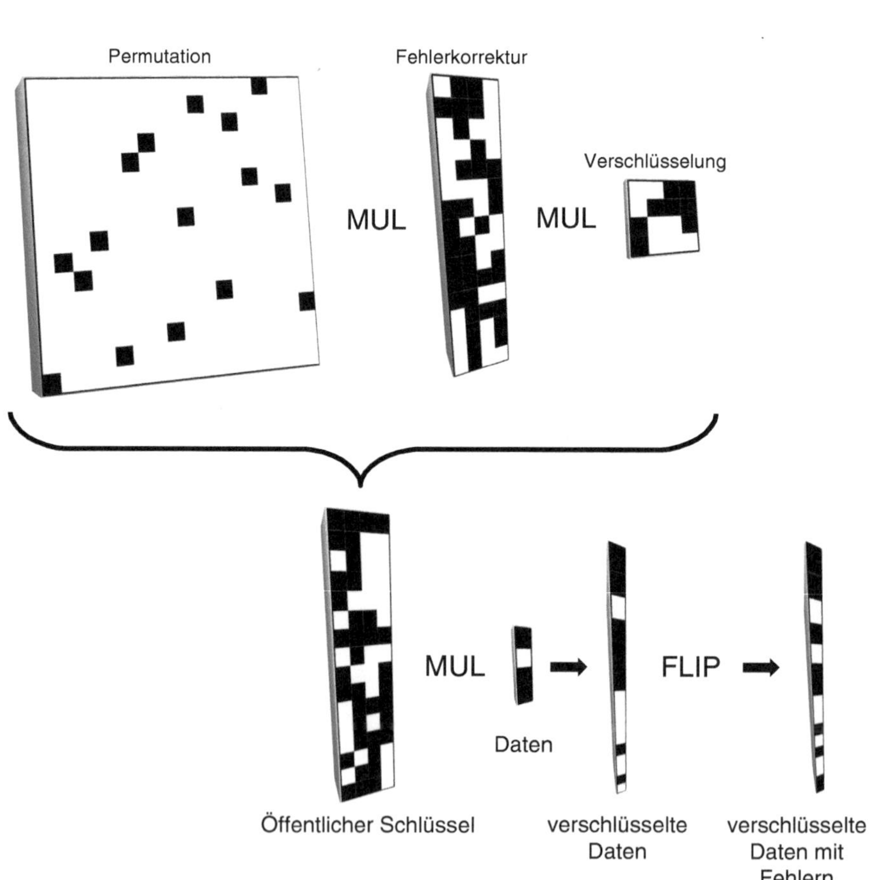

Abb. 2.8 Der McEliece-Algorithmus

Zur Verschlüsselung werden die Daten einfach mit der Matrix verschlüsselt, die dem öffentlichen Schlüssel des Empfängers entspricht. Danach werden einige Bits gekippt.

Der Empfänger ist der einzige, der die drei Bestandteile seines öffentlichen Schlüssels kennt: Die Permutation, die Fehlerkorrektur und die Verschlüsselung. Er entschlüsselt die Nachricht, indem er zuerst die Permutation rückgängig macht, dann die Fehler korrigiert und schließlich die Verschlüsselung rückgängig macht.

Eine Beispiel-Implementierung ohne jede Performance-Optimierung findet sich im Online-Bereich:

→ `https://www.springer.com/978-3-658-22045-7`

Wir haben nun den McEliece-Algorithmus gut verstanden. Für einen realen Einsatz ist noch zu hinterfragen, wie *genau* wir die Fehlerkorrektur-Matrix konstruieren sollen: Eine geschickte Wahl dieser Matrix ist eine wesentliche Stellschraube, um den McEliece-Algorithmus zu optimieren.

Wir haben hier eine Mischung aus zufällig belegten Matrizen und Kopier-Matrizen gewählt – was lediglich dem besseren Verständnis des Verfahrens gedient hat. McEliece empfiehlt ursprünglich Goppa-Matrizen. Diese Matrizen sind nicht zufällig belegt, sondern gezielt strukturiert, um Fehler korrigieren zu können.

Auf Grund seiner Struktur ist der beschriebe McEliece-Algorithmus geeignet, um Nachrichten zu *verschlüsseln*, so dass nur der Empfänger sie lesen kann.

Es ist aber nicht ohne Weiteres möglich, mit diesem Verfahren Nachrichten zu *signieren*, so dass der Empfänger sicher sein kann, dass die Nachricht auch wirklich vom angeblichen Absender stammt. Hierzu ist die McEliece-Niederreiter-Signatur geeignet, die 1986 von **H. Niederreiter** vorgestellt wurde.

2.2.3 Sonstige

Es gibt weitere asymmetrische Verfahren, wir etwa die El-Gamal-Verschlüsselung [elga1]. Auch hier basiert die Sicherheit des Verfahrens auf der praktischen Unlösbarkeit eines mathematischen Problems.

Derzeit weniger verbreitet ist das Verfahren NTRU, das 1996 von **J. Hoffstein**, **J. Pipher** und **J. H. Silverman** vorgestellt wurde [ntru1].

2.3 Hash-Funktionen

Beim Schutz sensibler Daten spielen Hash-Funktionen eine große Rolle. Deren Sinn ist, einen möglichst kompakten „Fingerabdruck“ der Daten zu ermitteln. Die Anwendungen sind dabei vielfältig, eines der bekanntesten Beispiele ist die Speicherung von Passwörtern.

Nehmen wir an, wir betreiben einen Webdienst und speichern die Liste unserer Anwender in einer Datenbank, die folgendermaßen aussieht:

```
Name        Passwort

Alice       MeinGeheimnis
Bob         Pa$$w0rt
Claire      Pa$$w0rt
Donald      TopSecret
Edgar       Topsecret
```

Es wäre nun ziemlich ungeschickt, wenn in unserer Datenbank tatsächlich die Passwörter im Klartext gespeichert wären: Würden wir Opfer eines Hacks, hätte der Angreifer alle Passwörter unserer Kunden erbeutet. Das möchten wir keinesfalls riskieren.

Wir nutzen also eine Hash-Funktion, die folgende Eigenschaften haben sollte:

- **Kompaktheit**
  Der Hashwert soll wenig Platz beanspruchen.
- **Effizienz**
  Es soll einfach sein, den Hash-Wert der Daten zu berechnen.
- **Unumkehrbarkeit**
  Es soll schwierig sein, aus dem Hash-Wert einen Rückschluss auf die Daten – hier also die Passwörter – zu ziehen.
- **Kollisions-Sicherheit**
  Wegen des geringen Platzbedarf des Hash-Wertes ist es grundsätzlich möglich, dass zwei *unterschiedliche* Passwörter den *gleichen* Hash-Wert erhalten. Das soll aber sehr unwahrscheinlich sein und außerdem soll es schwierig sein, zwei solche Passwörter zu finden.
- **Chaos-Effekt**
  Ähnlichkeiten in den Daten sollen sich nicht in ähnlichen Hash-Werten widerspiegeln.

Wir berechnen also die Hash-Werte unserer Passwörter:

```
hash(MeinGeheimnis) -> ae98
hash(Pa$$w0rt)      -> a4b3
hash(Pa$$w0rt)      -> a4b3
hash(TopSecret)     -> 7c41
hash(Topsecret)     -> ae98
```

In unserer Datenbank speichern wir nun keine Passwörter mehr im Klartext, sondern nur noch Hashes. Das Resultat sieht folgendermaßen aus:

```
Name        Passwort-Hash

Alice       ae98
Bob         a4b3
Claire      a4b3
Donald      7c41
Edgar       ae98
```

Wenn sich nun ein Benutzer anmelden möchte, berechnen wir den Hash-Wert seiner Eingabe und vergleichen ihn mit dem gespeicherten Hash-Wert. Damit haben wir schon viel gewonnen: Ein Angreifer, der unsere Datenbank erbeutet hat, weiß beispielsweise, dass der Hash-Wert von Donalds Passwort 7c41 ist. Deswegen weiß er aber noch lange nicht, welches Passwort in der Eingabemaske eingegeben werden muss, um auf diesen Hash-Wert zu kommen.

Einige Probleme bleiben aber noch:

- Bob und Claire haben das gleiche Passwort gewählt, was zum gleichen Hash-Wert führt. Der Angreifer kennt das Passwort deswegen zwar noch nicht, aber er weiß, dass er sich mit dem gleichen Passwort in beiden Accounts anmelden kann.
- Bei Alice und Edgar haben wir leider den extrem unwahrscheinlichen Fall erwischt, dass zwei unterschiedliche Passwörter den gleichen Hash-Wert erhalten. Also könnte sich Alice auch mit Edgars Passwort anmelden und umgekehrt.
- Diese Strategie ist noch gegen Wörterbuch-Attacken anfällig:
  Es ist möglich, für gängige Passwörter große Tabellen, sogenannte „**Rainbow Tables**", mit den dazugehörigen Hash-Werten „auf Vorrat" aufzubauen. Die obigen Passwörter sind allesamt relativ ungeschickt, also ist es durchaus wahrscheinlich, dass beispielsweise „TopSecret" in einer solchen Liste beliebter Passwörter gefunden wird und damit das zum Hash-Wert gehörende Passwort ermittelt werden kann.

Um dem zu begegnen, werden Passwörter außerdem *gesalzen*. Man speichert zusätzlich zum Passwort jeweils einen zufällig generierten „**Salt**"; es wird dann nicht nur das Passwort gehasht sondern Passwort und Salt gemeinsam.

```
hash(MeinGeheimnis + koiuqs) -> 7b2a
hash(Pa$$w0rt      + qouoia) -> 212a
hash(Pa$$w0rt      + knjmqs) -> 9a23
hash(TopSecret     + njuhqw) -> 7b2a
hash(Topsecret     + ynjuhj) -> 48b4
```

Unsere Datenbank sieht jetzt so aus:

```
Name      Salt      Hash

Alice     koiuqs    7b2a
Bob       qouoia    212a
Claire    knjmqs    9a23
Donald    njuhqw    7b2a
Edgar     ynjuhj    48b4
```

Nun ist nicht mehr erkennbar, dass Bob und Claire das gleiche Passwort verwenden. Auch Wörterbuchattacken sind kaum mehr möglich: „TopSecret" mag zwar in der Liste gängiger Passwörter auftauchen, „TopSecret**njuhqw**" eher nicht. Es hilft dabei nichts, den Salt zu kennen, denn lesbar ist nur folgende Information:

```
hash(unbekanntes Passwort + njuhqw) -> 7b2a
```

Daraus kann bei einer guten Hash-Funktion nicht ohne Weiteres auf das Passwort geschlossen werden.

Auch die Tatsache, dass wieder der extrem unwahrscheinliche Fall einer Hash-Kollision aufgetreten ist – dieses Mal zwischen Alice und Donald – ist nicht mehr so tragisch: Wegen des unterschiedlichen Salt kann nicht mehr daraus geschlossen werden, dass Alice und Donald das gleiche Passwort nutzen.

Eine Erweiterung des „Salt“ ist der „Pepper“: Hier wird zusätzlich das Passwort mit einem „Pepper“ kombiniert, bevor es gehasht wird. Dieser Pepper wird an einem sicheren Ort hinterlegt.

Es drängt sich dabei jedoch eine Frage auf: Wir haben symmetrische Verschlüsselungs-Algorithmen kennengelernt. Wozu betreiben wir den ganzen Aufwand mit Hash-Funktionen überhaupt? Wir könnten doch ebenso gut die Passwörter unserer Anwender mit einem sicheren Verschlüsselungsverfahren verschlüsseln und das dazu verwendete Kennwort für uns behalten.

Einige Anforderungen an die Speicherung von Passwörtern wären dabei zwar gut erfüllt, allerdings haben wir zwei Probleme:

- Hash-Funktionen bilden Daten quasi *beliebiger* Größe auf einen Hashwert *fester* Größe ab. Aus diesem Grund *können* sie auch nicht eindeutig umkehrbar sein.

  Eine Verschlüsselungsfunktion hat aber eine Umkehrfunktion – die Entschlüsselung eben. Deswegen werden die verschlüsselten Daten genau so viel Platz in Anspruch nehmen wie die ursprünglichen.

  Ein verschlüsseltes Passwort wäre also nicht „klein“, sondern würde unnötig Platz in unserer Datenbank verschwenden. Solange wir jedoch tatsächlich nur Anwenderpasswörter verarbeiten, könnte man diesen Aspekt meist ignorieren.
- Eben weil eine Verschlüsselungsfunktion einfach umkehrbar ist, bräuchten wir die Verschlüsselung „nur“ für *ein einziges* Anwenderpasswort zu knacken, das in unserer Datenbank gespeichert ist. Wir hätten dann das geheime Kennwort ermittelt, mit dem die Einträge verschlüsselt sind und könnten sofort *alle* anderen Passwörter entschlüsseln.

  Da eine gute Hash-Funktion quasi nicht umkehrbar ist, müssen wir hier für *jedes einzelne* Anwenderpasswort aufs Neue versuchen, die Hash-Funktion zu brechen, was viel mehr Aufwand verursacht. Dies ist das entscheidende Argument, warum Anwenderpasswörter nicht verschlüsselt, sondern gehasht gespeichert werden.

Eben weil Hash-Funktionen nicht umkehrbar sind, kann man nicht *die* Original-Daten suchen, die zu einem bestimmten Hash-Wert gehören, sondern nur *irgendwelche* Daten. Deswegen kann man sich mit jedem beliebigen Passwort in unserem Dienst anmelden, das sich – hoffentlich zusammen mit einem Salt – auf den richtigen Wert hasht. Wenn die Hash-Funktion gut genug ist, wird dieses Risiko meist toleriert – nicht zuletzt mangels Alternative.

Eine der heute sichersten Hash-Funktionen ist SHA3 („Secure Hash Algorithm“ der dritten Generation), auch „Keccak“ genannt (sprich in etwa „Ketschack“), der 2011 von

G. Bertoni, **J. Daemen**, **M. Peeters** und **G. v. Assche** vorgestellt wurde [kecc1]. Wir möchten hier auf eine detaillierte Analyse verzichten, das Prinzip ähnelt sehr der Rijndael-Verschlüsselung: In mehreren Durchläufen werden die Daten über eine feste Blocklänge „durchgewürfelt“.

In der Praxis derzeit häufig eingesetzt sind auch Hash-Funktionen der SHA2-Familie und RIPEMD-160. Ältere Verfahren wie SHA1, MD5 oder RIPEMD sind zwar noch im Einsatz, gelten aber nicht mehr als sicher.

Ein unangenehmes Detail müssen wir uns leider bei der Nutzung von Hash-Funktionen in Zusammenhang mit Passwortspeicherung vor Augen führen:

Was passiert, wenn der Hash-Algorithmus, den wir zur Speicherung unserer Passwörter genutzt haben, doch einmal gebrochen wird?

Unsere Datenbank sieht noch immer folgendermaßen aus:

```
Name      Salt      Hash

Alice     koiuqs    7b2a
Bob       qouoia    212a
Claire    knjmqs    9a23
Donald    njuhqw    7b2a
Edgar     ynjuhj    48b4
```

Da die Hash-Funktion nun gebrochen ist, kann ein Angreifer jetzt vergleichsweise einfach ein Passwort ermitteln, dessen Hash-Wert 48b4 ist, beispielsweise:

```
hash(iZu74nEreT) -> 48b4
```

Nehmen wir an, unser Hacker ist sogar in der Lage, ein Passwort zu finden, das zusammen mit dem gespeicherten Salt den gewünschten Hash-Wert ergibt, beispielsweise:

```
hash(kjSAdku4ynjuhj) -> 48b4
```

Jetzt ist der Hacker tatsächlich in der Lage, sich mit dem Passwort „kjSAdku4“ in unserem Dienst anzumelden und Edgars Account zu missbrauchen.

Was können wir als Dienstanbieter also tun, wenn wir erfahren, dass unsere Hash-Funktion gebrochen wurde?

Naheliegend wäre vielleicht folgende Idee:

Wie spielen selbst Hacker, ermitteln die Passwörter unserer Anwender und bauen die Datenbank neu auf – unter Verwendung einer neuen, sicheren Hash-Funktion.

Das funktioniert leider nicht, was wieder am Wesen der Hash-Funktion liegt:

Wir haben bereits gesehen, dass wir zwar *ein* Passwort ermitteln können, aber nicht unbedingt *das* Passwort, das Edgar tatsächlich genutzt hat. Was hilft es uns, *ein* mögliches Passwort „kjSAdku4“ gefunden zu haben? Wir brauchen Edgars tatsächliches Passwort „Topsecret“, um unsere neue Hash-Funktion mit genau diesem Passwort zu füttern.

Falls also die Hash-Funktion gebrochen wurde, müssen wir unsere Anwender um einen Passwort-Wechsel bitten – eine aufwändige und wenig populäre Aktion.

2.4 Zufallszahlen

Zufallszahlen spielen bei vielen Algorithmen eine entscheidende Rolle, beispielsweise zur Generierung von Salt-Werten für Passwort-Hashes. Wir können dabei zwei wesentliche Arten von Zufallszahlen unterscheiden:

Echter Zufall
Ein Computer ist eine Rechenmaschine, die hoffentlich genau das tut, was man ihr sagt. Insofern ist es gar nicht einfach, einem Computer Zufallszahlen zu entlocken. Gefühlsmäßig ist das so ziemlich das exakte Gegenteil dessen, was wir von einem „Rechner“ erwarten.

Um Zufallsdaten zu erhalten, muss üblicherweise zunächst Entropie gesammelt werden. Dazu werden beispielsweise Mausbewegungen, Tastatureingaben oder Festplatten-Zugriffszeiten beobachtet. Hier geht es nicht darum, den Anwender auszuspionieren. Vielmehr ist beispielsweise die Zeit, die zwischen zwei Tastenanschlägen verstreicht, ein sehr guter Zufallswert. Das Problem ist, dass die hier verfügbaren Zufallszahlen schnell versiegen. Was soll passieren, wenn der Anwender gerade nicht tippt?

Ein modernerer Ansatz zum Sammeln von Entropie ist HAVEGE (hardware volatile entropie gathering and expansion) [have1]. Hier dient die CPU als Quelle des Zufalls. Das mag auf den ersten Blick völlig widersinnig erscheinen, soll doch gerade die CPU vorhersagbare Ergebnisse liefern. Tatsächlich sind moderne CPUs jedoch derart komplex, dass ihr interner Zustand eine gute Zufallsquelle ist – ein Umstand, den man durchaus als Indiz dafür werten könnte, dass modere CPUs mittlerweile *viel zu* komplex sind.

Bei einigen Anwendungen wie beispielsweise VeraCrypt, das wir uns in Abschn. 3.7.2 ansehen, stoßen wir auf eine so alte wie bewährte Methode:

Als Anwender werden wir explizit dazu aufgefordert, mit der Maus auf dem Bildschirm herumzurühren, bis genügend Zufallszahlen gesammelt sind.

Pseudozufall
Es ist nicht immer einfach, genug echten Zufall am Rechner zu sammeln, insbesondere wenn viele Zufallsdaten gebraucht werden. Daher wird echter Zufall unter Verwendung mathematischer Funktionen „aufgeblasen“. Hierzu bieten sich beispielsweise sichere Hash-Funktionen an.

Die ausschließliche Verwendung von Pseudozufall bietet sich zwar in einigen wissenschaftlichen Anwendungen an, für die Verschlüsselung ist aber meist „echter“ Zufall erforderlich; wir können uns also nicht ausschließlich auf Pseudozufalls-Generatoren verlassen.

Die enorme Bedeutung von Zufallszahlen erkennt man beispielsweise an der Geschichte eines gewissen „DUAL_EC_DBRG“. Hinter diesem etwas sperrigen Namen verbirgt sich ein Verfahren zur Generierung von Zufallszahlen. Ursprünglich als sicher eingestuft und auch vom National Institute of Standards and Technology (NIST) 2006 in einen Standard aufgenommen, dauerte es nicht lange, bis Zweifel an DUAL_EC_DBRG laut wurden; spätestens Ende 2013 wurde klar, dass dieses Verfahren tatsächlich eine Schwäche enthält. DUAL_EC_DBRG wurde aus dem Standard entfernt, von der Nutzung wurde abgeraten [rem1].

Dies für sich genommen wäre noch nicht übermäßig spannend; es werden immer wieder Verfahren gebrochen und Nachfolger gesucht. Tatsächlich ist dies sogar der übliche Lauf der Dinge.

Spannend ist vielmehr des Gesamteindruck, der sich ergibt:

Es bleibt der Verdacht, dass die Schwäche möglicherweise nicht durch Zufall, sondern bewusst in das Verfahren hineindesignt worden sein könnte. Ein Gedanke, der insbesondere dann beunruhigend ist, wenn ein Nachrichtendienst selbst an der Entwicklung des Algorithmus beteiligt war [back1, back2]. Damit ist zwar noch nicht bewiesen, dass eine vorsätzlich platzierte Hintertür existierte und insbesondere nicht, dass diese auch ausgenutzt wurde, ein immenser Vertrauensverlust bleibt aber bestehen.

Im Ergebnis erkennen wir, dass in Zusammenhang mit Verschlüsselung nicht nur der Verschlüsselungs- und der Hash-Algorithmus „sicher" sein müssen, sondern außerdem das Verfahren, mit dem Zufallszahlen generiert werden. Bruce Schneier, weltweit anerkannter Kryptographie-Experte, sagt nicht umsonst: „Wenn der Zufallszahlen-Generator geknackt ist, dann ist meist auch das ganze Sicherheits-System überwunden." [back2]

Ein „sicherer" Zufallszahlen-Generator muss also Zahlen liefern, die sich von echtem Zufall nicht unterscheiden lassen. Außerdem darf es nicht ohne Weiteres möglich sein, anhand einiger bereits gelieferter Zufallszahlen Rückschlüsse auf die nächsten Werte zu ziehen, die das Verfahren ausspucken wird.

2.5 Sicherheit

In Abschn. 2.1.1 und 2.1.2 hatten wir mit ROT und XOR zwei Verschlüsselungsverfahren kennengelernt, die ganz offenbar „unsicher" sind – also einfach zu knacken. Mit sehr viel gutem Willen könnten wir sie vielleicht als Schutz vor „versehentlichem Lesen" klassifizieren, selbst das wäre noch geschmeichelt.

In Abschn. 2.1.3 haben wir uns dann den Rijndael-Algorithmus angesehen – nach heutigem Kenntnisstand „sicher". Es bleibt die Frage:

Was genau bedeutet „sicher" in Zusammenhang mit Verschlüsselung?

Eine Verschlüsselung ist dann sicher, wenn es ohne Kenntnis des Passworts keine nennenswert bessere Strategie zur Entschlüsselung der Daten gibt, als alle möglichen Passwörter durchzuprobieren.

Anders – und etwas mathematischer formuliert – kann man sagen: Eine Verschlüsselung ist dann sicher, wenn der Aufwand zur Entschlüsselung der Daten ohne Kenntnis des Passworts exponentiell mit der Größe des möglichen Passworts wächst.

Das mag etwas verwirrend klingen, ist aber ganz einfach:

Nehmen wir an, ein Passwort würde nur aus Kleinbuchstaben bestehen, also gibt es pro Stelle 26 Varianten. Für ein 4-stelliges Passwort gibt es damit 26^4=456976 mögliche Varianten. Ist das sicher? Nein. Unser 4-stelliges Passwort wird von jedem halbwegs modernen Rechner in Sekundenschnelle gefunden.

Bei einem 8-stelligen Passwort gibt es schon 26^8=208827064576 Varianten, auch noch halbwegs zügig getestet. Ein 12-stelliges Passwort mit 26^{12}=95428956661682176 Varianten beschäftigt eine leistungsfähige Rechner-Farm schon eine ganze Weile. Ein 16-stelliges Passwort mit 26^{16}=43608742899428874059776 oder gar ein 20-stelliges Passwort mit 26^{20}=19928148895209409152340197376 Varianten ist durch stumpfsinniges Probieren derzeit kaum zu knacken, egal wie viel Geld man in leistungsfähige Rechner investiert.

In Abb. 2.9 unternehmen wir den Versuch, dieses gewaltige Wachstum zu veranschaulichen:

Unser 4-stelliges Passwort entspricht einem Würfel mit 0,07 mm Kantenlänge. Diesen Würfel können wir aus einem Haar heraus schnitzen. Das 8-stellige Passwort entspricht einem 6 mm-Würfel, hier passt eine Erdnuss hinein. In den 45 cm-Würfel, der unserem 12-stelligen Passwort entspricht, können wir einen Getränkekasten stellen. Eine schöne, große Villa können wir schon in einem 35 m-Würfel unterbringen – das ist das 16-stellige Passwort. In unserem 20-stelligen Passwort – einem 3 km-Würfel – können wir ein ganzes Dorf verstecken, streng genommen sogar eine ganze Stadt, denn ein Großteil des Volumens wäre noch ungenutzt – welches Gebäude ist schon 3 km hoch.

Damit ist die Sicherheit des *Passworts* erläutert, nicht aber die Sicherheit des *Verfahrens.*

Das *Verfahren* ist sicher, wenn der oben beschriebene extreme Aufwand tatsächlich entsteht, wenn wir tatsächlich alle möglichen Passwörter durchtesten müssen, wenn uns tatsächlich nichts Besseres als eine **„Brute-Force“-Attacke** bleibt. Man kann zwar zusätzliche Strategien gegen ein solches stumpfsinniges Durchtesten aller möglichen Passwörter vorsehen, beispielsweise eine Zwangspause nach jeder Fehleingabe. Für die Untersuchung eines Verschlüsselungsverfahrens müssen wir aber davon ausgehen, dass ein Hacker „Dauerfeuer“ gibt und ein Passwort nach dem anderen durchtestet.

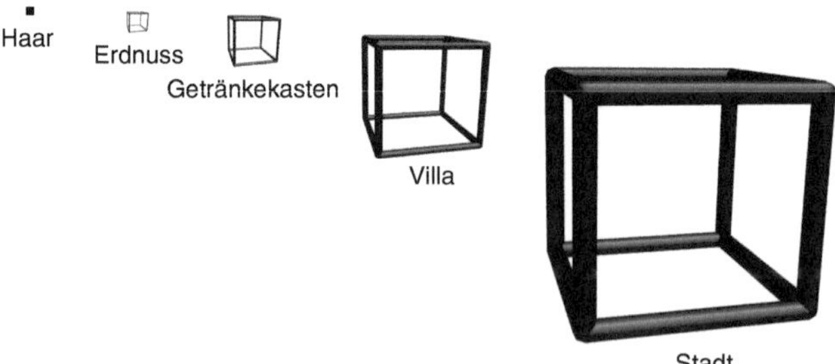

Abb. 2.9 Exponentielles Wachstum

Im Ergebnis muss also offenbar beides sicher sein, das Verfahren und das Passwort:

- Sicherheit des **Verfahrens**
  Das *Verfahren* ist sicher, wenn man alle möglichen Passwörter durchprobieren muss.
  Unsicher wäre ein Verfahren, wenn beispielsweise eine „Known-Plaintext"-Attacke möglich wäre oder wir auf anderem Wege das Passwort „errechnen" oder auch nur die Anzahl möglicher Kandidaten für eine „Brute-Force"-Attacke signifikant einschränken könnten.
- Sicherheit des **Passworts**
  Das schönste und sicherste Verfahren hilft nichts, wenn das Passwort unsicher ist – sei es nun zu kurz oder einfach zu erraten.
  Wenn wir unsere Daten mit dem Passwort „123456" verschlüsseln, dann können wir auf die Suche nach einem sicheren Verfahren getrost verzichten – ebenso wie auf Verschlüsselung insgesamt.

Bei all diesen Überlegungen gehen wir jedoch immer von „klassischen" Computern aus, wie wir sie alle kennen.

Wenn wir uns für die Sicherheit der Verschlüsselung interessieren, dann müssen wir auch einen kurzen Blick in die Zukunft werfen, schließlich sollen Daten auch *morgen* noch sicher aufgehoben sein, die wir *heute* verschlüsseln.

Zukunftsprognosen sind schwierig – man hat gerne das Bild einer Kristall-Kugel im Kopf. Eine neue Technologie, die in den vergangenen Jahren enorme Fortschritte gemacht hat, sollten wir jedoch im Auge behalten: Quanten-Computer.

2.5.1 Quanten-Kryptographie

In jüngerer Vergangenheit geistern immer wieder Begriffe wie „Quanten-Computer" und „Quanten-Kryptographie" durch die Medien. Um den Einfluss von Quanten-Computern auf moderne Verschlüsselung zu verstehen, sollten wir uns zunächst klarmachen, was ein Quanten-Computer überhaupt ist und insbesondere auch, was er *nicht* ist.

Ein Quanten-Computer ist *kein* Rechner, der mit den heute gängigen Notebooks, Desktop-Rechnern und Handys vergleichbar wäre. Er arbeitet *nicht* mit der gleichen Architektur – nur sagenhaft schnell. Niemand braucht einen Quanten-Rechner um Excel-Tabellen oder Word-Dokumente zu bearbeiten.

Vielmehr handelt es sich eine Maschine, die nach völlig anderen Mechanismen arbeitet – unter Ausnutzung quantenmechanischer Effekte eben. Als Endanwender dürften wir in absehbarer Zeit auch kaum in direkte Berührung mit Quanten-Computern kommen.

Theoretisch lassen sich mit Quanten-Computern neue, hochsichere Verschlüsselungsverfahren umsetzen. Diese „Quanten-Kryptographie", also kryptographische Verfahren, die auf Quanten-Computer laufen, sollen uns hier nicht interessieren – es dürfte noch etwas Zeit vergehen, bis diese Maschinen beim Endanwender eingesetzt werden.

2.5.2 Post-Quanten-Kryptographie

Die in Abschn. 2.2.1 erwähnte De-facto-Unlösbarkeit der Aufgabe „Finde die Primfaktor-Zerlegung einer großen Zahl" bezieht sich ausschließlich auf „klassische Mathematik" und „klassische Computer".

Sobald wir uns mit Quanten-Rechnern beschäftigen, gelten völlig neue Spielregeln:

Zu den Bereichen, in denen ein Quanten-Computer seine Fähigkeiten voll ausspielen kann, zählen gerade mathematische Aufgaben, die heute noch de facto unlösbar sind, die Primfaktorzerlegung einer Zahl beispielsweise. **P. W. Shor** hat 1994 den Shor-Algorithmus vorgestellt, der eine Zahl effizient in ihre Primfaktoren zerlegen kann [shor1].

Sobald also ein funktionierender Quanten-Computer existiert, ist der RSA-Algorithmus nicht mehr sicher. Quanten-Rechner eignen sich also dazu, einige bestehende Verschlüsselungsverfahren zu knacken.

Dieser Aspekt allein macht natürlich die Entwicklung eines funktionierenden Quanten-Computers zu einem sowohl wissenschaftlich als auch praktisch hochinteressanten Thema – was verständlicherweise Spekulationen über den tatsächlichen Fortschritt der Entwicklung zusätzlich anheizt. Sind Quanten-Computer, die gängige Verschlüsselungsverfahren wie RSA knacken können, pure Science-Fiction? Sind sie in greifbarer Nähe? Oder insgeheim vielleicht sogar schon gebaut?

Wir möchten uns hier nicht an Verschwörungstheorien darüber beteiligen, was die NSA insgeheim im Keller stehen hat. Tatsache bleibt: Aktuelle Verschlüsselungsverfahren, wie sie auf den heute massenhaft verfügbaren Rechnern arbeiten, müssen daraufhin untersucht werden, ob sie für „Post-Quanten-Kryptographie" geeignet sind.

„Post-Quanten-Kryptographie" beschreibt also *nicht* Verschlüsselung auf Quanten-Computern, sondern vielmehr Verschlüsselung auf herkömmlichen Computern, die auch von Quanten-Computern nicht geknackt werden kann. Ein Algorithmus, der dies leistet, ist „post-quanten-sicher".

Während diese Zeilen geschrieben werden, stecken Quanten-Computer noch in den Kinderschuhen. Diese Aussage ist in dem Sinne zu verstehen, dass deren Rechenergebnisse noch von leistungsfähigen herkömmlichen Rechnern simuliert werden können.

Bereits mit Erscheinen dieses Buchs dürfte aber eine wichtige Hürde genommen worden sein: Die „Quanten-Überlegenheit" („Quantum Supremacy") dürfte erreicht werden [qsup1]. Darunter wird der Zeitpunkt verstanden, in dem Quanten-Rechner so leistungsfähig sind, dass sie nicht mehr mit herkömmlichen Maschinen simuliert werden können. Von diesem Moment an liefert uns die neue Technik also tatsächlich neue Erkenntnisse.

Nicht ohne Grund richten sich also immer mehr Augen auf Quanten-Rechner:

- Microsoft bietet mit Q# eine Programmiersprache für Quanten-Computer an, einschließlich eines Simulators für herkömmliche Rechner [msq1].

  Es erscheint durchaus bemerkenswert, dass offenbar ein stark wachsender Bedarf an Software-Entwicklern gesehen wird, die in der Lage sind, Quanten-Computer zu programmieren – selbst um den Preis, derzeit noch in simulierten Umgebungen zu arbeiten.

Hauptsache ist offenbar, das entsprechende Know-how bei einer großen Zahl an Programmierern aufzubauen.
- Große Konzerne suchen Kooperationen, um die neue Technik für sich nutzen zu können [ibmq1].

  Hierbei geht es bei weitem nicht nur um Verschlüsselung. Vielmehr eignen sich Quanten-Rechner auch zur Lösung beispielsweise von Optimierungs-Aufgaben, an denen derzeitige Rechner noch scheitern.

Quanten-Rechner dürften also in absehbarer Zeit für einiges Aufsehen sorgen – bei Verschlüsselungs-Algorithmen ebenso wie in anderen Themengebieten. In Abschn. 2.7 werden wir sehen, welche Verfahren auch in Zukunft sicher sind und welche nicht.

2.6 Ergänzende Strategien

Wir haben nun einige wesentliche Bausteine der Verschlüsselung kennengelernt:

- Symmetrische Verschlüsselung
- Asymmetrische Verschlüsselung
- Hash-Funktionen
- Zufallszahlen

Für praktische Anwendungen müssen diese Konzepte meist kombiniert werden; im Folgenden möchten wir uns einige grundsätzliche Strategien hierzu ansehen.

2.6.1 Hybride Verschlüsselung

Symmetrische Verschlüsselungs-Algorithmen werden extrem auf geringen Speicherverbrauch und hohe Performance hin optimiert. Asymmetrische Verfahren hingegen sind oft recht komplex, allein die Schlüssel des McEliece-Verfahrens beispielsweise sind sehr groß und dementsprechend aufwändig zu transportieren.

Wie gehen wir also in der Praxis vor, um Daten vertraulich zu transportieren? Sicherlich werden wir nicht viele MegaByte oder gar GigaByte mit einem asymmetrischen Verfahren verschlüsseln.

Stattdessen kombinieren wir die beiden Konzepte zu einem **hybriden Verfahren:**

- Für die spätere *symmetrische* Verschlüsselung der Nutzdaten erzeugen wir ein Passwort. Dieses Passwort wird mit Hilfe eines *asymmetrischen* Verfahrens transportiert.
- Die tatsächlichen Nutzdaten werden dann unter Verwendung des eben ausgetauschten Passworts *symmetrisch* verschlüsselt und übertragen.

Es schließt sich sofort die nächste Frage an. Symmetrische Verfahren wie Rijndael verschlüsseln vergleichsweise kleine Datenblöcke, im Fall von AES 128 Bit, was gerade einmal 16 Byte sind. Jede Twitter-Nachricht ist deutlich länger.

Wie werden also große Datenmengen verschlüsselt?

Die naheliegendste Variante wäre wohl, die Daten in Blöcke zu unterteilen. Die Blöcke werden dann einer nach dem anderen mit einem symmetrischen Verfahren verschlüsselt, wie in Abb. 2.10 veranschaulicht. Das ist der Electronic Code Book-Modus (ECB) [ECB1], der jedoch einen erheblichen Nachteil hat: Gleiche Datenblöcke in den Original-Daten werden nach der Verschlüsselung wieder gleich aussehen. Wir können uns das sehr schön an dem Bild in Abb. 2.11 veranschaulichen.

Hier haben wir eine Grafik verschlüsselt und sehen das Original und die verschlüsselte Version. Man erkennt zwar die Verfremdung im verschlüsselten Bild, die Struktur des Originals ist aber nach wie vor deutlich erkennbar. Dies ist in aller Regel inakzeptabel, verschlüsselte Daten sollen wie Zufallsdaten aussehen und keinerlei erkennbare Struktur mehr aufweisen.

Aus diesem Grund gibt es weitere Betriebsmodi, in denen symmetrische Algorithmen genutzt werden, um größere Datenmengen zu verschlüsseln. Einer davon ist der Counter-Mode (CTR) [CTR1], veranschaulicht in Abb. 2.12.

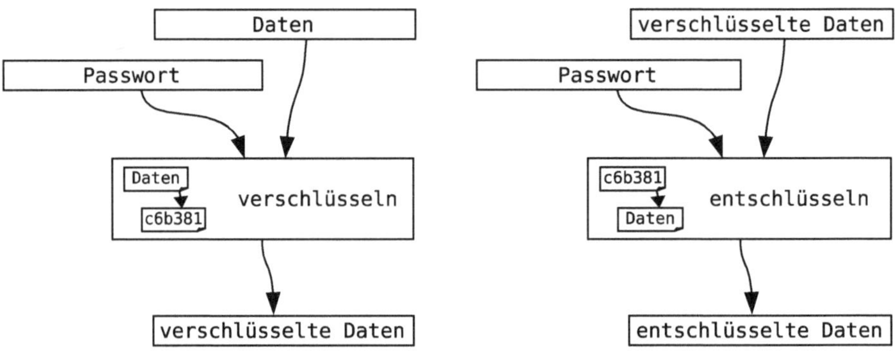

Abb. 2.10 Verschlüsselung mit dem ECB-Modus

Abb. 2.11 Strukturen bleiben im ECB-Modus erhalten

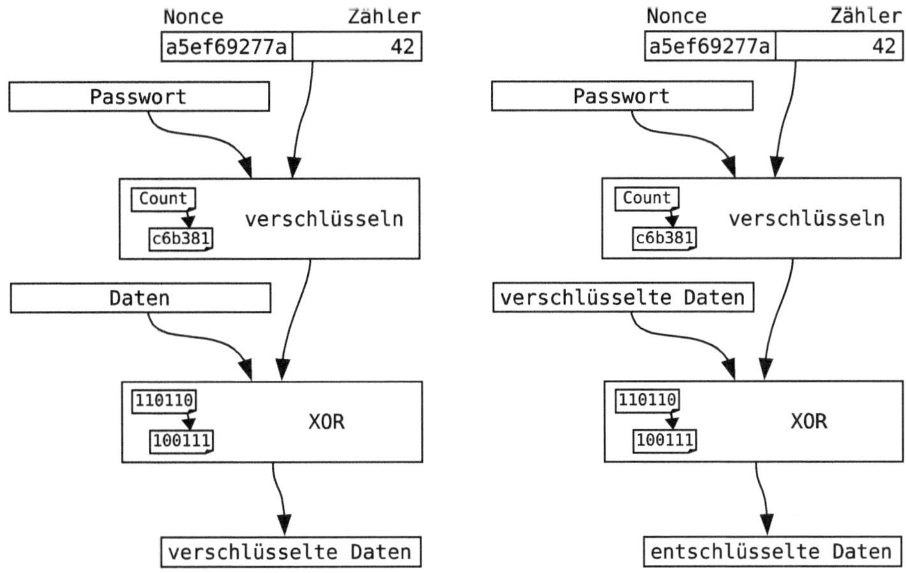

Abb. 2.12 Verschlüsselung mit dem CTR-Modus

Dieses Verfahren ist durchaus interessant: Wir wählen für jeden Datentransfer einen zufällig genierten Startwert, den Nonce. An den Nonce hängen wir eine fortlaufende Nummer, die die zu verschlüsselnden Blöcke durchzählt. Nonce und fortlaufende Nummer zusammen werden unter Verwendung unseres Passworts mit Hilfe eines symmetrischen Verfahrens verschlüsselt. Das Ergebnis dieser Verschlüsselung wiederum wir per XOR mit den eigentlichen Daten verknüpft; wir erhalten die verschlüsselten Daten.

Die tatsächliche Verschlüsselung unserer Nutzdaten geschieht also mit der simplen XOR-Operation. Die Sicherheit des Verfahrens beruht darauf, dass wir für jeden Block ein anderes Passwort wählen, das sich eben aus der „eigentlichen Verschlüsselung" von Nonce und Zähler mit dem „eigentlichen Passwort" ergibt.

Bezogen auf die Nutzdaten bedeutet das, dass eine simple XOR-Verschlüsselung eingesetzt wird, jedoch mit einem Passwort, das genau so lang ist wie die zu verschlüsselnden Daten und das nur ein einziges Mal zum Einsatz kommt.

Dieses Vorgehen hat einige Vorteile, die wir auch in Abb. 2.13 sehen:

- Die verschlüsselten Daten weisen keine Struktur mehr auf, sondern sehen wie Zufallsrauschen aus – genau das erwarten wir.
- Wenn durch einen Übertragungsfehler – wie wahrscheinlich auch immer dieser sein mag – ein Bit in den verschlüsselten Daten kippt, dann wird sich nach der Entschlüsselung dieser Fehler auch nur auf das entsprechende Bit auswirken – kaum sichtbar – und nicht etwa einen ganzen Datenblock zerstören.

Abb. 2.13 Keine Strukturen und lokale Fehler im CTR-Modus

In Abb. 2.13 sehen wir unten zum Vergleich die Auswirkung der gleichen Bitfehler: links im CTR-Modus, rechts bei einem anderen Verfahren, bei dem jeweils ganze Blöcke zerstört werden, wenn ein einziges Bit kippt.

- Wir haben wahlfreien Zugriff auf den gesamten Datenstrom und können jeden beliebigen Block einzeln entschlüsseln.
- Alle Schlüssel für die Ver- und Entschlüsselung können im Voraus berechnet werden.
- Die Ver- und Entschlüsselung der einzelnen Blöcke ist problemlos parallelisierbar.

Eine bemerkenswerte Eigenschaft des Counter-Mode ist ferner, dass sowohl zum Ver- als auch zum Entschlüsseln die Funktion „Encrypt" des zugrunde liegenden symmetrischen Verschlüsselungsverfahrens eingesetzt wird. Die „Decrypt"-Funktion kommt überhaupt nicht zum Einsatz.

Wenn die „Decrypt"-Funktion überhaupt nicht genutzt wird, dann braucht sie offenbar auch gar nicht zu existieren. Wir können den Counter-Mode also durchaus mit einem Verfahren nutzen, das gar keine „Decrypt"-Funktion kennt. Diese Variante würde dann eher einer Hash-Funktion als einer „echten" Verschlüsselungsfunktion ähneln.

2.6.2 Perfect Forward Secrecy

Jede Verschlüsselung lässt sich knacken. Spätestens wenn wir in diesem Satz ein „irgendwann" einbauen, dürfte er korrekt sein.

Verfahren, die heute sicher sind, können morgen geknackt sein. Vielleicht nicht durch die geniale Idee eines Kryptographie-Experten, aber eventuell durch eine „Brute-Force"-Attacke mit genügend Zeit.

Das Konzept der Perfect Forward Secrecy widmet sich genau diesem Problem:

Die schönste hybride Verschlüsselung bringt wenig, wenn einfach der gesamte Datenstrom „auf Vorrat" aufgezeichnet wird, dann in aller Ruhe das asymmetrische Verfahren angegriffen wird, mit dem der Schlüssel übertragen wurde und schließlich die eigentlichen Nutzdaten entschlüsselt werden.

Die Kernidee der Perfect Forward Secrecy besteht nun darin, den geheimen Schlüssel *nicht* mittels asymmetrischer Verschlüsselung über die Leitung zu *transportieren,* sondern ihn *auszuhandeln.* Der Schlüssel kann also nicht aus einer Aufzeichnung des Datenstroms extrahiert werden, weil er nie über die Leitung ging und nach Beendigung der Kommunikation von beiden Partnern gelöscht wird.

Hierzu kommt beispielsweise der Schlüsselaustausch nach **W. Diffie** und **M. Hellman** von 1976 (DHE) zum Einsatz [dihe1].

Neuer ist ein Ansatz basierend auf Supersingulären Isogenien (SIDH), der 2011 von **L. De Feo**, **D. Jao** und **J. Plu** vorgestellt wurde [sidh1].

Hacking auf Vorrat?

Es drängt sich sofort die Frage auf: Wie realistisch ist „Hacking auf Vorrat"?

Angesichts der Tatsache, dass heute Terabyte große Netzwerkspeicher für wenig Geld zu haben sind, dürfte offensichtlich sein: Es ist durchaus praktikabel, massenhaft Daten für die spätere Auswertung zu bunkern. Die Angst vor „Hacking auf Vorrat" ist also keineswegs akademisch. Am 12.12.2017 beispielsweise wurde der Internetverkehr zu den großen Anbietern Microsoft, Apple, Google und Facebook teilweise über Russland umgeleitet. Diese Umleitung war zwar nur für wenige Minuten aktiv, dennoch wäre es in dieser Zeit vermutlich möglich gewesen, mehrere Hundert Gigabyte an Datenvolumen aufzuzeichnen und zu speichern [bgp1].

Und wozu das Ganze? Das ist die Frage. Nach aktuellem Kenntnisstand lässt sich der Datenstrom nicht entschlüsseln, aber wer weiß schon, was in einigen Jahren möglich ist – die Bedrohung gängiger Verschlüsselungsverfahren durch Quanten-Rechner haben wir in Abschn. 2.5.2 kennengelernt.

2.6.3 Bewusste Verlangsamung

Eine Verschlüsselung muss schnell sein, wir möchten im normalen Betrieb keine Leistungseinbußen wahrnehmen. Unnötiger Rechenaufwand würde ferner unnötigen Energieverbrauch verursachen – ökologisch ist das bedenklich und bei mobilen Geräten außerdem kritisch mit Blick auf die Akku-Laufzeit.

Aus diesen Gründen werden insbesondere symmetrische Verschlüsselungs-Algorithmen nach strengen Performance-Anforderungen entworfen.

Ironischerweise erleichtert jedoch gerade dies das Knacken der Verschlüsselung: Je schneller die Verschlüsselung arbeitet, desto schneller können alle möglichen Passwörter geprüft werden – zumindest wenn es in der konkreten Anwendung keine Maßnahmen gibt, die nach mehrfacher Fehleingabe des Passworts den Dienst verweigern. Das Knacken der Verschlüsselung durch stumpfsinniges Durchprobieren aller möglicher Passwörter im Rahmen einer „Brute-Force"-Attacke wird also erleichtert.

Ein Ausweg aus diesem Dilemma besteht darin, die Verschlüsselung im laufenden Betrieb zwar so performant wir möglich umzusetzen, zusätzlich jedoch einen *einmaligen* Initialisierungsschritt einzubauen. Hier ist die Rechenzeit vergleichsweise unbedeutend.

Das Werkzeug VeraCrypt, das wir in Abschn. 3.5.2 kennenlernen werden, nutzt beispielsweise diese Technologie: Im Initialisierungsschritt wird eine Hash-Funktion sehr häufig durchlaufen. Sinn der Sache ist dabei nicht nur, die Anzahl der Durchläufe als zusätzliches Sicherheitskriterium zu nutzen, gewissermaßen als Teil des Passworts. Diesen Effekt könnte man auch durch ein längeres Passwort erzielen. Das Ziel ist vielmehr, die Rechenzeit spürbar zu verlängern, die nötig ist, bis überhaupt die Korrektheit des eingegebenen Passworts feststeht. Bei Eingabe des richtigen Passworts ist diese Berechnung kaum von Bedeutung, die benötigte Rechenzeit einer „Brute-Force"-Attacke explodiert aber regelrecht.

Aus genau diesem Grund ist es auch vergleichsweise unbedeutend, wenn die initiale Übertragung des Passworts durch ein asymmetrisches Verfahren vergleichsweise aufwändig ist.

2.7 Bewertung gängiger Verfahren

Abschließend möchten wir nun die vorgestellten Algorithmen übersichtsartig vergleichen [bgav1, bgav2].

Symmetrische Verfahren

Die heute gängigsten symmetrischen Verschlüsselungsverfahren sind neben Rijndael die anderen vier Kandidaten, die es in die Endrunde zur Auswahl des AES-Standards geschafft haben, nämlich Twofish, MARS, Serpent und RC6.

Alle bieten nach aktuellem Kenntnisstand ein hohes Maß an Sicherheit; die Unterschiede auch im Vergleich zu Rijndael liegen im Wesentlichen darin, wie performant die Implementierungen sind, insbesondere bei Realisierungen in Hardware. Die Anforderungen sind hier sehr hoch, immerhin muss der Algorithmus in Software auf einer leistungsfähigen 64-Bit-CPU bestmögliche Performance bieten, ebenso auf einer sehr günstigen Chipkarte. Performance-Vergleiche in diesem Umfeld sind alles andere als trivial.

Quanten-Computer stellen für diese Verfahren keine nennenswert größere Gefahr dar als heutige Rechner – genügend lange Passwörter vorausgesetzt. Gängige symmetrische Verfahren sind also „post-quanten-sicher".

Asymmetrische Verfahren
Auch bei asymmetrischen Verfahren ist die wesentliche Frage: Ist das Verfahren „post-quanten-sicher"? Hier sieht die aktuelle Situation leider weniger rosig aus als bei den symmetrischen Ansätzen: Heute weit verbreitete Verfahren wie RSA oder El-Gamal sind durch Quanten-Computer angreifbar. Diejenigen Verfahren, die „post-quanten-sicher" sind, wie McEliece oder NTRU, sind momentan kaum im Einsatz.

Die Umstellung asymmetrischer Verfahren in unserer Infrastruktur weg von den derzeit genutzten Algorithmen hin zu „post-quanten-sicheren" Verfahren dürfte also bezogen auf sicheren und vertraulichen Datenaustausch *die* wesentliche Herausforderung unserer Tage sein: Quanten-Überlegenheit scheint in greifbarer Nähe zu sein und es ist kaum abschätzbar, welche Sicherheit herkömmliche Verfahren in einigen Jahren noch bieten. Da solche Technologien nicht von heute auf morgen ausgetauscht werden können, befinden wir uns hier ganz klar in einem Wettlauf mit der Zeit.

Hash-Funktionen
Ältere Verfahren wie MD5 oder RIPEMD sollten heute nicht mehr eingesetzt werden. Gängig sind heute Verfahren der SHA2-Familie oder RIPEMD-160; auch SHA1 kommt noch zum Einsatz, obwohl dieses Verfahren mittlerweile nicht mehr als sicher gilt.

Wenn wir ohne Altlasten ein Verfahren auswählen können, dürfte SHA3 bzw. Keccak heute die richtige Wahl sein.

All diese Verfahren sind gegen Quanten-Computer genau so sicher wie gegen herkömmliche Rechner – genügende Bitlänge vorausgesetzt. Hash-Funktionen sind hier also ähnlich zu betrachten wie symmetrische Verschlüsselungs-Algorithmen.

Perfect Forward Secrecy-Verfahren
Bei Perfect-Forward-Secrecy-Algorithmen ist die Situation ähnlich traurig wie bei den Verfahren zur asymmetrischen Verschlüsselung:

Die heute gebräuchlichen Verfahren wie der traditionelle Diffie-Hellman-Algorithmus sind nicht „post-quanten-sicher". „Post-quanten-sichere" Verfahren wie SIDH sind derzeit kaum im Einsatz.

Literatur

[aes01] „Announcing the ADVANCED ENCRYPTION STANDARD (AES)", in „Federal Information Processing Standards", Publication 197, November 26, 2001

[rsa70] R. Rivest, A. Shamir, L. A. Adleman, „A Method for Obtaining Digital Signatures and Public-Key Cryptosystems", Communications of the ACM, Vol. 21, Nr. 2, 1978, S. 120–126

[rsaw90] M. J. Wiener, „Cryptoanalysis of short RSA secret exponents", IEEE Transactions on Information Theory, IT 36, Nr. 3, Mai 1990, S. 553–558

[mce78] „A Public-Key Cryptosystem based on Algebraic Coding Theory", R. J. McEliece, SDN Progress Report 42–44, 1978

[elga1] „A public key cryptosystem and a signature scheme based on discrete logarithms“, T. El Gamal, In: IEEE Trans. Inform. Theory, 31, 1985, no. 4, S. 469–472.

[ntru1] „NTRU: A new high speed public key cryptosystem“, J. Hoffstein, J. Pipher, J.H. Silverman, preprint, presented at the group session of Crypto 96

[kecc1] aufgerufen am 27.12.2017: https://keccak.team/keccak.html

[have1] aufgerufen am 27.12.2017: https://www.irisa.fr/caps/projects/hipsor/

[rem1] aufgerufen am 27.12.2017: https://www.nist.gov/news-events/news/2014/04/nist-removes-cryptography-algorithm-random-number-generator-recommendations

[back1] aufgerufen am 29.12.2017: https://bits.blogs.nytimes.com/2013/09/10/government-announces-steps-to-restore-confidence-on-encryption-standards

[back2] aufgerufen am 29.12.2017: Beitrag „The Strange Story of Dual_EC_DRBG“ im Blog „Schneier on Security“ von Bruce Schneier

[shor1] „Polynomial-Time Algorithms for Prime Factorization and Discrete Logarithms on a Quantum Computer“, P.W. Shor, In: SIAM Journal on Computing. 26/1997, S. 1484–1509

[qsup1] aufgerufen am 27.12.2017: https://www.newscientist.com/article/mg23130894-000-revealed-googles-plan-for-quantum-computer-supremacy/

[msq1] aufgerufen am 27.12.2017: https://www.heise.de/developer/meldung/Q-Microsofts-Development-Kit-fuer-Quantencomputing-mit-eigener-Programmiersprache-und-Simulator-3915895.html

[ibmq1] aufgerufen am 27.12.2017: https://www.heise.de/newsticker/meldung/IBM-schliesst-Kooperationen-fuer-Nutzung-von-Quantencomputer-3917984.html

[ECB1] aufgerufen am 27.12.2017: Beitrag „Electronic Code Book Mode“ auf Wikipedia

[CTR1] aufgerufen am 27.12.2017: Beitrag „Counter Mode“ auf Wikipedia

[dihe1] „New Directions in Cryptography“, W. Diffie, M. Hellman, in: IEEE Transactions on Information Theory, Vol. IT-22, No. 6, 1976

[sidh1] „Towards Quantum-resistant cryptosystems from supersingular elliptic curve isogenies“, L. De Feo, D. Jao, J. Plut, PQCrypto 2011

[bgp1] aufgerufen am 27.12.2017: https://www.heise.de/newsticker/meldung/BGP-Hijacking-IP-Verkehr-der-Grossen-Vier-nach-Russland-umgeleitet-3919524.html

[bgav1] aufgerufen am 27.12.2017: https://www.heise.de/tp/features/Kryptographie-nach-dem-Quantencomputer-3396243.html

[bgav2] aufgerufen am 27.12.2017: Beitrag „NSA Plans for a Post-Quantum World“ im Blog „Schneier on Security“ von Bruce Schneier

3 Anwendungen

In diesem Teil möchten wir uns in der Rolle des *Endanwenders* überlegen, wie und mit welchen Hilfsmitteln wir unsere Daten schützen können.

Welchen Login-Mechanismus sollte man für ein Web-Angebot nutzen?

- E-Mail plus Passwort
- Benutzername plus Passwort
- Login via Facebook- oder Google-Account
- Verimi
- sonstige ?

M. von Rimscha, *Datenschutz – Konzepte, Algorithmen und Anwendung*,
https://doi.org/10.1007/978-3-658-22046-4_3

Das ist *keine* Frage, die uns als Endanwender umtreibt; das ist eine Entscheidung, die der Betreiber der Webseite fällen muss. Wir können hier nur sagen „ok“, oder „nein, lieber nicht“. Gestalten können wir wenig.

Wir möchten uns hier eher einige typische Alltagssituationen ansehen, mit denen sich der Endanwender konfrontiert sieht – ganz sicher ohne Anspruch auf Vollständigkeit.

Dabei gehen wir nicht davon aus, dass Datenschutz eine Bringschuld ist: Wir verlassen uns nicht darauf, dass sich andere um unseren Datenschutz kümmern. Auch ein Verständnis als Holschuld hilft uns wenig, endet diese Vorstellung doch meist damit, dass wir Forderungen stellen und uns dann darüber beschweren, dass diese nicht oder nicht in ausreichendem Maße erfüllt werden. Stattdessen sehen wir uns hier mit einer „Tun“-Schuld konfrontiert: Wir selbst müssen aktiv werden.

Es geht uns dabei also nicht um die wenigen Menschen, die militärische Geheimnisse oder hochbrisante Wirtschaftsdaten hüten. Vielmehr soll uns der Normalverbraucher interessieren. Einfache, praktikable und kostengünstige Lösungen sollen also im Vordergrund stehen.

Wir möchten uns ansehen, worauf zu achten ist und mit welchen Werkzeugen wir arbeiten können – auch hier sicherlich ohne Anspruch auf Vollständigkeit, aber sehr wohl mit dem Anspruch, ohne tief gehende Expertenkenntnisse auszukommen.

Es mag vorkommen, dass uns bei Betrachtung eines Werkzeugs das dahinter liegende Verfahren detaillierter interessiert. In diesem Fall sei auf die grundsätzlichen Strategien und Algorithmen in Kap. 2 verwiesen, auch wenn uns die konkrete Implementierung hier nicht interessieren mag.

Es soll uns dabei nicht darum gehen, jedes Tool und jedes Add-on im Detail zu beschreiben, dazu sei auf die Herstellerseiten verwiesen. Vielmehr möchten wir die richtigen Fragen stellen. Die richtigen Antworten darauf? Die sind allzu oft Geschmacksache und die Vorschläge im Folgenden sind sicherlich keine in Granit gemeißelten Wahrheiten. Welche Lösung das XY-Tool in der gerade aktuellen Version anbietet? Das kann sich morgen ändern. Die vorgestellten Werkzeuge sind also als exemplarische Beispiele zu verstehen.

Entscheidend ist beispielsweise die folgende Erkenntnis: Je nach Anwendung werden zwar die Datei*inhalte* verschlüsselt, nicht aber die Datei*namen*. Die Frage ist also: Ist das für mich wichtig? Falls ja: Kann das Werkzeug meiner Wahl auch Dateinamen verschlüsseln?

Wenn wir uns beispielsweise folgende Dateiliste ansehen …

```
Geburtstag-TomBesoffen.jpg
Einkommensteuer2015_Einspruch.odt
BewerbungVW.rtf
BewerbungBMW.rtf
BewerbungDaimler.rtf
```

… dann wird schnell klar: Dateinamen alleine können schon viel aussagen.

Im Folgenden sind eine ganze Reihe an Situationen beschrieben und mehrere Werkzeuge werden vorgestellt. Das bedeutet noch lange nicht, dass jede einzelne dieser Maßnahmen umgesetzt werden muss. Es soll hier lediglich ein Werkzeugkasten vorgestellt werden, aus dem wir uns nach Belieben bedienen können.

... Keine Panik!

3.1 Schutz wovor? Schutz wie?

- *Alles Paranoia? Worum geht's?*

Wenn wir von Datenschutz sprechen, dann ist die offensichtliche Frage:

Wovor möchten wir uns überhaupt schützen? Wie kann das funktionieren?

3.1.1 Wer greift uns an?

- *Immer und überall lauert ... ?*

Ganz offenbar stellen Hacker eine Bedrohung dar, indem sie beispielsweise versuchen, unsere Zugangsdaten für Online-Dienste zu erbeuten, um sie dann zu missbrauchen.

Auch Schadsoftware macht uns Sorgen, beispielsweise Erpressungstrojaner, die unsere Daten verschlüsseln und erst gegen Lösegeld-Zahlung wieder freigeben – angeblich.

Hierbei geht es um „unsere Daten" im Sinne von: „Daten, die wir besitzen".

Streng genommen könnte man in diesem Sinn auch das Schloss unserer Wohnungstür als Datenschutz-Maßnahme begreifen, mit der Daten in Papierform geschützt werden. In digitaler Form möchten wir unsere Daten insbesondere vor Verlust, Beschädigung und unerwünschtem Zugriff durch Hacker und Schadsoftware schützen.

Um uns zu überlegen, wie ein Schutz hier aussehen könnte, sehen wir uns zunächst eine übliche Konfiguration an. In der heutigen vernetzten Welt sieht diese im Wesentlichen aus, wie in Abb. 3.1 dargestellt.

Unsere Daten liegen auf dem lokalen Gerät oder direkt in der Cloud. Wir verbinden uns über den Router mit dem Internet, dort nutzen wir unterschiedliche Dienste. Falls wir stattdessen ein Mobilgerät betrachten, ändert sich nicht viel: Statt der Internetverbindung per WLAN verbinden wir uns gegebenenfalls über das Datennetz unseres Mobilfunk-Anbieters.

Es drängen sich nun einige Fragen auf: Wie sicher sind unsere Daten? Wo müssen wir überhaupt mit Angriffen rechnen?

Traurigerweise lautet die Antwort: Überall. Leider.

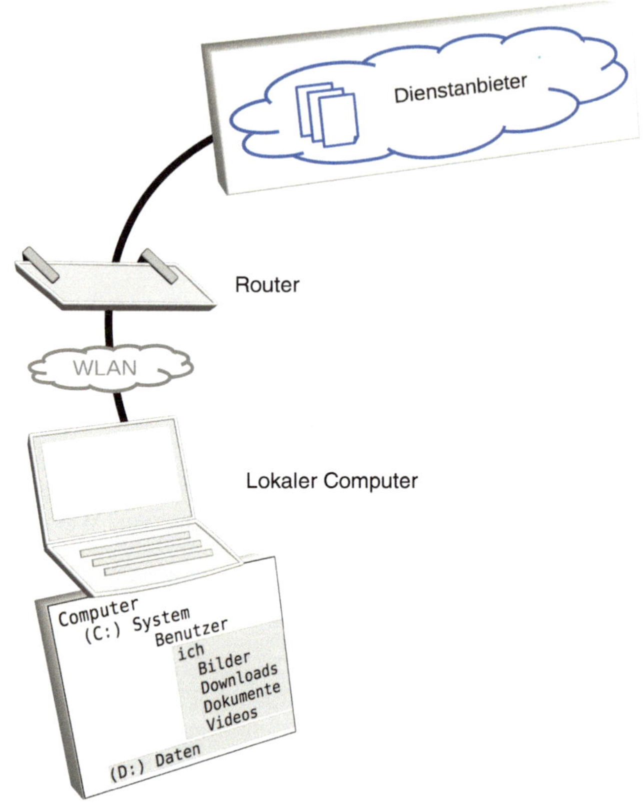

Abb. 3.1 Übliche Konfiguration eines Rechners mit Internetverbindung

In Abb. 3.2 sind einige wenige exemplarische Beispiele aufgezählt:

- Im August 2013 wurde Yahoo gehackt, entdeckt wurde der Angriff im November 2016, betroffen waren alle 3 Milliarden Yahoo-Konten. Die Einbrecher konnten dabei Namen, E-Mail-Adressen, Telefonnummern, Geburtsdaten, gegebenenfalls Sicherheitsfragen samt dazugehöriger Antworten und Passwörter erbeuten. Die Passwörter waren glücklicherweise nicht im Klartext gespeichert, sondern nur in Form eines Hashwerts, allerdings wurde der MD5-Algorithmus eingesetzt, der heute nicht mehr als sicher gilt [yaho1, yaho2, yaho3].
- Besonders leicht haben es Hacker, wenn sie einfach nur zugreifen müssen:

  Im Oktober 2017 wurden auf Amazons Cloud-Speicherdienst Terabytes an Überwachungsdaten aus sozialen Netzwerken gefunden, die das US-Militär dort ungeschützt abgelegt hatte [mil1, mil2, mil3].
- Im April 2014 wurde ein Programmierfehler in der OpenSSL-Bibliothek entdeckt. Durch diesen Fehler, der „Heartbleed" getauft wurde, waren HTTPS-verschlüsselte Verbindungen nicht mehr sicher. Selbst über drei Jahre später sind noch längst nicht alle Systeme mit Updates versehen [bled1].

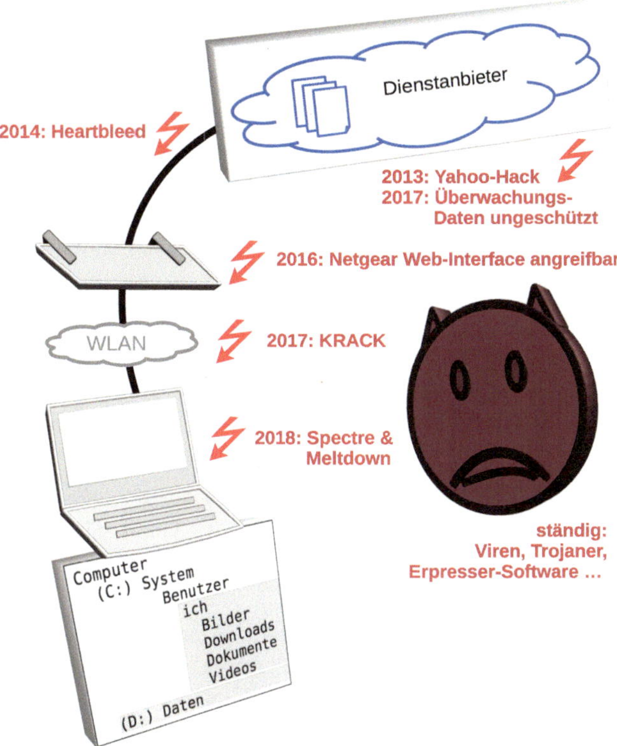

Abb. 3.2 Mögliche Angriffspunkte

- Im Dezember 2016 wurde eine Lücke im Web-Interface von Netgear-Routern entdeckt [ngea1].
- Im Oktober 2017 wurde eine „KRACK" getaufte Schwäche in der WPA2-Verschlüsselung entdeckt, wie sie üblicherweise in WLANs eingesetzt wird [krak1].
- Anfang 2018 wurden „Spectre" und „Meltdown" bekannt, zwei Sicherheitslücken auf Prozessor-Ebene. Hiervon sind die meisten handelsüblichen CPUs und damit auch die meisten Geräte weltweit betroffen [melt1].
- Die Liste an Malware, erpresserischen Verschlüsselungstrojanern, Keyloggern und sonstigen Schadprogrammen, die auf die eine oder andere Weise ihren Weg auf unseren Rechner suchen, ist schier endlos …

Was sagt uns diese Übersicht? Zuerst sollten wir uns klarmachen, was durch diese Auflistung *nicht* ausgesagt wird:

- Es ist nicht im Entferntesten gesagt, dass nur die genannten Anbieter bzw. Hersteller betroffen sind. Niemand arbeitet fehlerfrei. Es dürfte wenige Hersteller geben, die noch nie Opfer von Angriffen geworden sind und die noch nie einen Fehler in ihren Produkten hatten.

- Es ist nichts darüber ausgesagt, ob ein Hersteller trödelt und abwiegelt oder schnell und vorbildlich Updates liefert – idealerweise bevor die Entdecker der Lücken technische Details veröffentlichen, die ein Ausnutzen der Schwachstelle ermöglichen bzw. vereinfachen.
- Es ist nichts darüber ausgesagt, wie schwierig es ist, die jeweiligen Lücken auszunutzen. Heartbleed beispielsweise wurde von Bruce Schneier als „Katastrophe“ eingestuft, mit einer Bewertung von 11 auf einer Skala von 0 bis 10 [schn1]. Heartbleed ist nicht zuletzt deswegen so katastrophal, weil sich diese Lücke eignet, um ungezielte, großflächige Angriffe zu starten [bled2]. Genau das muss uns als Endanwender Sorgen bereiten, während wir bei anderen Szenarien sagen können: „So wichtig bin ich nicht, niemand wird sich die Mühe machen, mich gezielt anzugreifen.“ Um KRACK auszunutzen, muss sich der Angreifer beispielsweise in räumlicher Nähe des WLAN befinden, in das er eindringen möchte [krak2]. Die konkrete Bedrohung durch KRACK dürfte also vergleichsweise überschaubar sein.

  Spectre und Meltdown werden uns noch lange beschäftigen: Zwar sind sie nicht trivial auszunutzen, betreffen aber so gut wie jedes Gerät. Umgehbar sind sie durch Patches, die jedoch nicht ohne Einfluss auf die Leistungsfähigkeit des Systems bleiben.

Wir möchten uns anhand dieser Liste also lediglich klarmachen:

„Sicherheit“ ist kein Zustand. Ein System, das heute als „sicher“ gilt, kann morgen angreifbar sein. „Sicherheit“ ist also vielmehr ein ständiger Wettlauf:

- Kriminelle suchen Schwachstellen und nutzen sie aus.
- Ob auch Nachrichtendienste Schwachstellen ausnutzen, anstatt sie im Interesse der Sicherheit unserer Infrastruktur den Herstellern zu melden, bleibt für uns meist schwierig nachvollziehbar.
- Seriöse Sicherheitsforscher suchen Schwachstellen und weisen die Hersteller auf diese hin. Mit der Veröffentlichung von kritischen Details wird gewartet, bis der Hersteller angemessen lange Zeit hatte, seine Produkte abzusichern.
- Hersteller sollten spätestens mit Bekanntwerden einer Schwachstelle zügig Updates liefern.
- Der Endanwender sollte zumindest verfügbare Updates einspielen.

Ob wir also wollen oder nicht: Auch wir selbst nehmen an diesem Wettlauf um die Sicherheit teil.

3.1.2 Wer verarbeitet welche Daten?

▶ *Jäger und Sammler …*

Schützen möchten wir auch „unsere Daten“ – dieses Mal im Sinne von „Daten, die uns betreffen“.

Diese werden ständig mehr oder weniger legitim in enormen Mengen erhoben und verarbeitet. Teilweise stört und das überhaupt nicht, teilweise schon – die Trennlinie zieht jeder anders.

Daten über uns, die wir selbst preisgeben

Wir selbst geben – notwendigerweise – Daten über uns preis. Fast jeder Internetdienst kennt unsere E-Mail-Adresse, Amazon kennt unsere Post-Anschrift, wie anders sollten die entsprechenden Angebote funktionieren?

Eine interessante Rolle spielt hierbei unsere Telefonnummer. Die wird gerne erhoben und das lässt sich durchaus begründen in der Art „Im Fall der Fälle … wenn irgendwelche Probleme auftreten … benötigen wir eine Möglichkeit, schnell mit Ihnen in Kontakt zu treten". Das ist unbestreitbar richtig. Wir sollten aber nicht vergessen, dass die Telefonnummer darüber hinaus eine gute Möglichkeit ist, uns eindeutig zu identifizieren. Während es beispielsweise problemlos möglich ist, mehrere E-Mail-Adressen zu unterhalten, dürften die wenigsten von uns über mehrere Telefonnummern verfügen.

Wovor möchten wir uns hier schützen? Offenbar vor übermäßiger Sammlung persönlicher Daten, die über das angemessene Maß an notwendigerweise erforderlichen Informationen hinausgeht.

Wie tun wir das? Das funktioniert nur mit Datensparsamkeit, im Zweifelsfall also Verzicht auf den jeweiligen Dienst – soweit praktikabel.

Immerhin wissen wir, welche Daten wir über uns selbst angegeben haben – was leider noch wenig darüber aussagt, wie die andere Seite mit diesen Daten umgeht.

Daten über uns, die Dritte für uns erheben

Deutlich unangenehmer ist es, wenn Dritte Daten über uns zur Verfügung stellen – im ungünstigsten Fall fehlerhafte. WhatsApp beispielsweise verlangt in seinen AGBs, dass man WhatsApp Telefonnummern des eigenen Adressbuchs zur Verfügung stellt. Die Menschen, denen die jeweilige Telefonnummer gehört, müssen selbst gar nicht WhatsApp-Nutzer sein, haben also insbesondere die WhatsApp-AGBs nie akzeptiert. Durch die WhatsApp-AGBs bestätigt der Nutzer außerdem, zu dieser Datenweitergabe berechtigt zu sein [what1].

Es gibt Stimmen, die diese AGB-Regelung für möglicherweise ungültig halten [what2], der Endanwender befindet sich jedoch in einer kaum auflösbaren Zwickmühle:

Um den Dienst zu nutzen, muss man die entsprechenden Daten zur Verfügung stellen – als mit Abstand bedeutendster Messenger-Dienst ist WhatsApp mittlerweile jedoch so dominant, dass ein Verzicht oft kaum praktikabel ist.

So sehr uns das missfallen mag: Wir können uns auf technischem Weg kaum selbst schützen vor dieser Art der Datenweitergabe durch Dritte, denn letztlich wissen wir gar nicht, wer wann welche Informationen über uns auf welchem Weg an wen weitergibt. Es dürfte heute durchaus realistisch sein, dass WhatsApp auf die beschriebene Weise über einen erheblichen Teil aller Telefonnummern verfügt: Fast jeder unter uns dürfte WhatsApp entweder selbst nutzen oder zumindest jemanden kennen, der das tut – in dessen Adressbuch wir also auftauchen.

Daten über uns, die gesammelt werden

Niemand schreibt seinem Anbieter eine E-Mail: „Hallo! Heute früh war ich beim Bäcker, danach bin ich in die Arbeit gefahren. Mittags bin ich durch die Fußgängerzone geschlendert, Abends war ich im Café meines Vertrauens, bevor ich nach Hause gefahren bin." Das wäre eher ein wenig aufregender Tagebuch-Eintrag.

Trotzdem lässt sich diese Information theoretisch erheben. Die Möglichkeit, Bewegungsprofile der Nutzer zu erstellen, ist sicherlich eines der populärsten Beispiele für Datensammlungen – ein solches Profil sagt ganz offenbar einiges über einen Menschen aus.

Grundsätzlich ist es für uns als Endanwender schwierig, derartige Datensammlungen zu verhindern: Technisch besteht die Möglichkeit, anfallende Daten zu verarbeiten. Dies mag geschehen oder nicht, mag legal oder illegal sein; oft bekommen wir gar nichts davon mit.

Der Handy-Standort lässt sich beispielsweise über GPS ermitteln, aber auch über eine Funkzellen-Abfrage oder über WLANs, in denen das Gerät angemeldet ist. Ob diese Ortung tatsächlich geschieht? Ob daraus tatsächlich Bewegungsprofile erstellt werden? Das sei dahin gestellt – die Möglichkeit besteht theoretisch.

Aus unserem Einkaufsverhalten beim Online-Händler lassen sich ebenfalls gute Rückschlüsse auf unsere Interessen und Hobbys ziehen, eventuell auch über die politische Haltung oder über Krankheiten.

Das mag uns stören oder nicht, gegen Datensammlungen hilft nur Datensparsamkeit, die wiederum oft nicht praktikabel ist. Um tatsächlich nicht ortbar zu sein, müsste man das Handy im Flugzeugmodus betreiben – was nicht gerade Sinn der Sache ist. Außerdem müssen wir auf komfortable Dienste wie die Navigation verzichten:

Datenschutz tritt oft in Konkurrenz zu Komfort.

Daten über uns, die statistisch „geraten" werden

Aus gesammelten oder direkt erhobenen Daten lassen sich Rückschlüsse ziehen – diese müssen aber nicht unbedingt korrekt sein. Da kauft ein 30-Jähriger eine beleuchtete Leselupe bei Amazon. Kann daraus gefolgert werden, dass er schlechte Augen hat? Sicherlich, mit einer gewissen Wahrscheinlichkeit. Es könnte aber auch sein, dass er Hobby-Modellbauer ist, Briefmarken sammelt oder die Lupe für seine Großmutter gekauft hat.

Allein unsere Facebook-Likes etwa genügen, um ein sehr gutes Persönlichkeitsprofil zu erstellen [fbli1, fbli2].

Solche Analysen sind für uns oft völlig intransparent. Dementsprechend schwierig ist es auch hier, sich zu schützen. Auch sollten wir uns klarmachen, dass statistische Aussagen etwas völlig anderes sind als persönliche Unterstellungen.

Mit ca. 3/4-Wahrscheinlichkeit lässt sich aus den Facebook-Likes ermitteln, ob jemand raucht oder nicht. Mit ca. 2/3-Wahrscheinlichkeit lässt sich eine entsprechende Aussage über andere Drogen treffen. Das mag durchaus interessant sein. Es ist aber einigermaßen heikel, sich vor jemanden zu stellen und zu sagen: „Du nimmst Drogen!" Der Nachsatz „zu 2/3 Wahrscheinlichkeit" verhallt dann gerne. Der Beweis? „Wir haben Deine Facebook-Likes analysiert."

3.1.3 Was ist unsere Strategie?

> *Der Kampf gegen Windmühlen?*

Datenschutz kostet Zeit, Nerven und manchmal auch bares Geld. Deswegen möchten wir die Energie, die wir in dieses Thema investieren, möglichst effizient einsetzen.

Wir haben gesehen, dass wir gegen viele Formen der Datensammlung und -verarbeitung weitgehend machtlos sind; Datensparsamkeit ist schwierig und teilweise kaum praktikabel. Diese Fragen sind eher auf politischer Ebene relevant – vielleicht beeinflussen sie unser Wahlverhalten.

Zumindest kann uns eine kleine Ego-Recherche im Internet helfen, wenigstens diejenigen Informationen über uns zu finden, die öffentlich zugänglich sind.

Wir suchen aber konkrete, praktikable Schritte, die wir in Eigenregie gehen können. Genau um solche Maßnahmen geht es uns hier. Deswegen folgen wir in den nächsten Kapiteln einigen Grundsätzen.

Es geht uns dabei nicht darum, Gefahren zu verharmlosen oder den Kopf in den Sand zu stecken. Vielmehr möchten wir Risiken mit begrenzten Ressourcen sinnvoll begegnen, Kämpfe gegen Windmühlen vermeiden und weder die Augen vor Gefahren verschließen, noch in sinnloser Paranoia verfallen (siehe Abb. 3.3).

Wir leben mit dem Risiko

Absolute Sicherheit existiert nicht. Selbst *bestmögliche* Sicherheit überfordert uns meistens. Die Balance zwischen Aufwand und Nutzen sollte gewahrt werden. Aus Sicht des Endanwenders, der uns hier ausschließlich interessiert, bedeutet das: Der Aufwand sollte minimal sein, sei es nun in finanzieller Sicht oder mit Blick auf Installation und Konfiguration von Software.

Jedes neue Programm, das wir installieren, will aktuell gehalten werden. Wir können größte Probleme bekommen, wenn es nicht mehr weiterentwickelt wird. Komplexe und aufwändige Strategien betrachten wir hier nicht, detailliertes Spezial-Know-how möchten wir nicht aufbauen. Wir konzentrieren uns auf die Nutzung von Bordmitteln, wo es möglich ist.

Wir fordern nichts Unerfüllbares

Natürlich kann man jede Form der Geräte-Ortung ablehnen – auf Grund der Bewegungsprofile, die auf Basis von Ortungsdaten grundsätzlich erstellt werden könnten. Gleichzeitig nach einer komfortablen Navigation zu rufen ist dann jedoch eine schwierig zu erfüllende Anforderung.

Maximaler Komfort verträgt sich nicht immer mit maximalem Datenschutz.

Wir schätzen Gefahren realistisch ein

Ein Chef eines internationalen Multi-Milliarden-Konzerns oder ein Verteidigungsminister hat bezogen auf sein Notebook berechtigterweise ein anderes Sicherheitsbedürfnis als der Durchschnittsbürger.

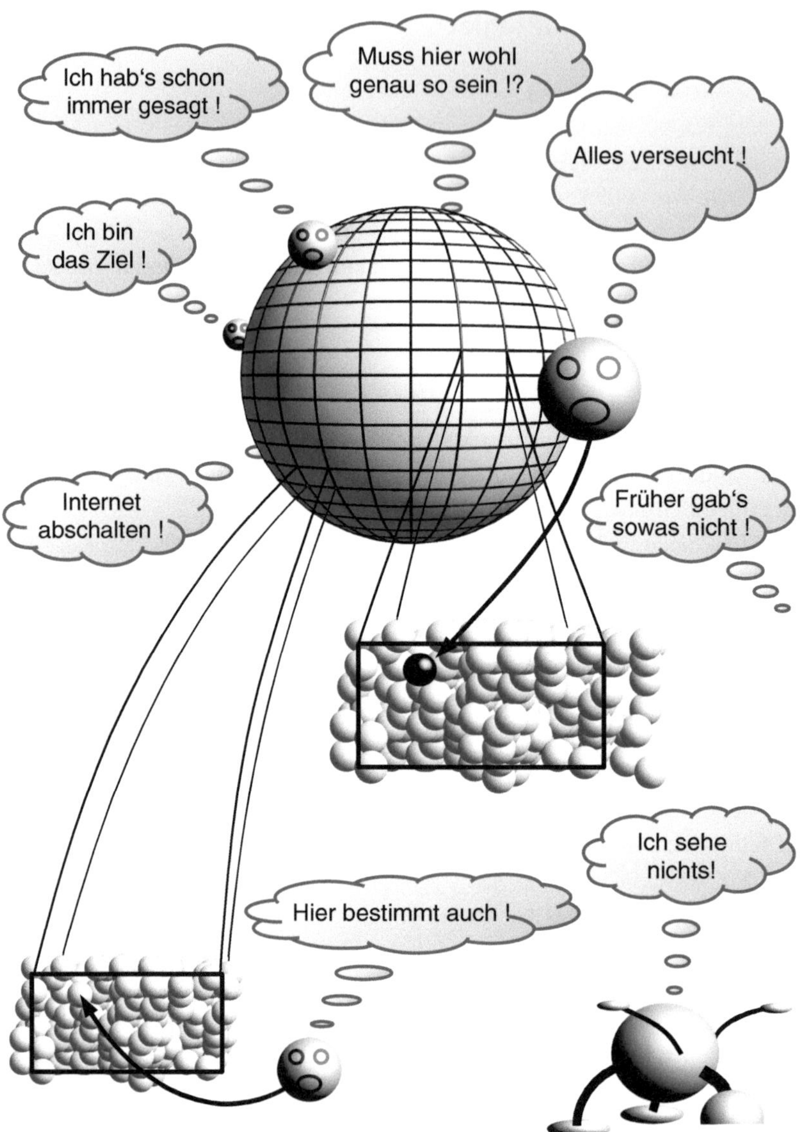

Abb. 3.3 Paranoia und Resignation bringen nichts

Ja, es ist möglich, dass der ungeliebte Nachbar mit Richtmikrofon und Teleskop unsere Wohnung überwacht, aber wie wahrscheinlich ist das? Wollen wir uns deswegen in eine schall- und blickdichte Kabine setzen? Vermutlich nicht.

Wir gehen also davon aus, dass großflächige Überwachung bzw. Angriffe uns betreffen, ebenso wie wahllos gestreute Attacken. Gezielte Angriffe, die mit viel Aufwand genau auf uns persönlich abgestimmt sind, dürften eher die Seltenheit sein – dafür sind wir schlicht nicht wichtig genug und die Kosten-Nutzen-Rechnung geht für den Angreifer einfach nicht auf.

Im Folgenden werden wir immer wieder Beispiele für Hacks und erfolgreiche Angriffe kennenlernen, beispielsweise:

> „Die Seite eines Software-Anbieters wurde gehackt, so dass dort Schadsoftware heruntergeladen wurde."

Die Erkenntnis hieraus ist, dass wir uns der Gefahr von Malware-Installern bewusst sein sollten. Die Erkenntnis hieraus ist, dass wir bei der Installation von Software vorsichtig sein sollten. Die Erkenntnis hieraus ist *nicht*, dass wir am liebsten gar keine Computer mehr nutzen möchten. Eine gehackte Seite steht noch immer Tausenden ungehackter Seiten gegenüber.

Wir verzichten auf Paranoia und Resignation
Ja, Energieversorger können über smarte Stromzähler häufig den Stromverbrauch ermitteln. Das ist durchaus sinnvoll, um beispielsweise den Energiebedarf feingranular prognostizieren zu können. Es soll jetzt nicht um die Frage gehen, wie gut die Geräte gegen Hackerangriffe abgesichert sind und welchen Schaden Hacker anrichten könnten.

Es soll uns darum gehen, was ein Energieversorger mit diesen Daten anfangen könnte. Ja, theoretisch könnten die Versorger ein individuelles Verbrauchsprofil einzelner Kunden anlegen und daraus Rückschlüsse auf persönliche Gewohnheiten einzelner Menschen ziehen. Tun sie das tatsächlich? Ein solches Profil könnten sie möglicherweise auch verkaufen. Tun sie das tatsächlich? Amazon könnte anhand unserer gekauften Bücher ein Profil unserer politischen Einstellung erstellen und dieses verkaufen. Tut Amazon das tatsächlich? Unser Arbeitgeber könnte ein *sehr* aufschlussreiches Profil von uns verkaufen. Tut er das tatsächlich?

Diese Beispiele zeigen, dass wir uns – wieder einmal – in einer Zwickmühle befinden:

Es gab schon genügend Datenschutz-Skandale und es ist verständlich, wenn wir als Verbraucher zu der Einstellung gelangen: „Was technisch möglich ist, wird früher oder später auch getan." Teilweise stellt sich auch erst im Laufe der Zeit heraus, welche negativen Auswirkungen gut gemeinte Projekte haben können. Es ist also verständlich, wenn ganz pauschal jede Datenerhebung kritisch beäugt wird. Wir bieten sensible Informationen also nach Möglichkeit nicht gerade auf dem Silbertablett an.

Andererseits gilt die Unschuldsvermutung: Wir sollten *sehr* vorsichtig sein, jemanden für etwas zu kritisieren, das er möglicherweise tun *könnte*. Falls tatsächlich später einmal etwas passieren sollte, dann können wir zwar sagen „Seht Ihr? Ich hab's gewusst!" Was jedoch meistens gelogen ist: Wir haben es eben nicht *gewusst*, sondern pauschal *unterstellt* – was sich im Nachhinein vielleicht als *richtig geraten* herausstellen kann.

Die Frage „Tun sie das tatsächlich?" sollten wir schon stellen, ansonsten ist der Preis, dass wir in ständiger Angst und Paranoia leben und jedem immer nur das Schlimmste unterstellen – jeder muss für sich selbst entscheiden, ob dies der Weg zum Glück ist.

Wir konzentrieren uns auf das Wesentliche
Im Straßenverkehr wünschen wir uns, dass Teilnehmer an illegalen Autorennen verfolgt werden, die mit 100 km/h durch Städte rasen. Wer mit Schrittgeschwindigkeit ein Stopp-Schild überrollt, wird in der Regel in Ruhe gelassen – was uns nicht stört.

Dementsprechend sollen wir auch beim Datenschutz mit Augenmaß vorgehen und den einzelnen Themen eine angemessene Bedeutung geben.

Was, nicht wie!
Wir konzentrieren uns hier auf die Frage, *was* zu tun ist. Eine detaillierte Schritt-für-Schritt-Beschreibung mit Screenshots für die Konfiguration jeder einzigen Funktion wäre zwar schön, würde den Rahmen dieses Buches jedoch sprengen, wäre morgen veraltet und kann insbesondere jederzeit im Internet nachgeschlagen werden.

Wir interessieren uns außerdem nur für die aktuellen Versionen der Desktop-Systeme Windows und macOS sowie der mobilen Systeme Android und iOS, womit der Großteil des Marktes für Endanwender abgedeckt ist.

3.2 Ersteinrichtung eines neuen Geräts

▶ *Alles neu, alles gut?*

Beim Erwerb eines neuen Gerätes gilt ganz klar: Wir müssen dem Verkäufer vertrauen. Er hätte theoretisch die Möglichkeit, beliebige Software zu installieren – einschließlich Schad- oder Spionage-Software. Wir würden dies vermutlich nur mit Experten-Kenntnissen entdecken.

Tatsächlich sind bereits Geräte mit vorinstallierter Software aufgetaucht, mit der wir als Anwender vermutlich nicht gerechnet hätten:

- Einige Lenovo-Notebooks wurden Ende 2014/Anfang 2015 mit der Adware „Superfish" ausgeliefert. Dabei wurde auch ein Root-Zertifikat installiert, mit dessen Hilfe ein Zugriff auf verschlüsselte Verbindungen möglich wäre [leno1, leno2, leno3].
- Dell lieferte 2015 ein vergleichbares Root-Zertifikat aus [dell1, dell2, dell3].
- Android-Smartphones namhafter Hersteller wurden mit Schadsoftware ausgeliefert, die jedoch nicht herstellerseitig installiert wurde, sondern innerhalb der Lieferkette ihren Weg auf das Gerät fand [andr1, andr2, andr3].

Die reinen technischen Daten sind ganz offenbar nicht das einzige Kriterium, das für einen Gerätekauf relevant ist. Hier sollten wir aber nicht in eine unrealistische Erwartungshaltung verfallen.

„Alles muss fehlerfrei und perfekt sein" dürfte in der Realität kaum zu erreichen sein. Insofern ist durchaus auch die Politik interessant, die ein Hersteller verfolgt, *nachdem* Schwierigkeiten aufgetreten sind. Wird versucht, Probleme zu verschweigen? Wird deren Bedeutung heruntergespielt? Wird abgewiegelt? Oder wird vorbildlich und schnell mit Updates reagiert?

Nachdem wir uns für einen vertrauenswürdigen Hersteller entschieden haben, bleibt die Frage: Was jetzt?

Teils können wir mit erstaunlich einfachen Maßnahmen Probleme vermeiden. Ein Sichtschutzfilter am Notebook leistet bereits gute Dienste gegen neugierige Blicke. Im Folgenden sehen wir uns einige weitere Schritte an, die uns helfen, ein Gerät – einmal gekauft – einigermaßen sicher zu betreiben.

3.2.1 Updates

▶ *Lücken schnell schließen, nicht sammeln!*

Die automatische Aktualisierung sollte mindestens für das Betriebssystem aktiviert sein sowie für alle Anwendungen, die direkt im Internet arbeiten. Das gilt streng genommen heute für fast jedes Programm und jede App – allein die Prüfung auf neue Updates geschieht via Internet.

Der Browser und das E-Mail-Programm nehmen hier aber eine herausragende Rolle ein und verdienen daher eine besondere Betrachtung:

- **Browser**
  Mit dem Browser verbinden wir uns nicht nur mit der Hersteller-Seite, sondern besuchen beliebige Seiten im Internet. Nicht immer können wir sicher sein, dass die Seite seriös ist und nicht etwa versucht, uns Schadsoftware unterzuschieben.
- **E-Mail-Client**
  Wir haben keinen Einfluss darauf, wer uns E-Mails mit welchem Inhalt schickt. Eine E-Mail findet ihren Weg auf unseren Rechner also quasi automatisch und das E-Mail-Programm muss deswegen möglichst sicher sein.

Neben dem Betriebssystem sollten also mindestens Browser und E-Mail-Programm automatisch aktuell gehalten werden.

3.2.2 Systemeinstellungen

▶ *Du musst schon sagen, was Du willst!*

Ein Schritt, den wir mit einem neu erworbenen Gerät sowie nach jedem größeren System-Update tun sollten, ist leider etwas mühsam: Wir gehen die Systemeinstellungen durch und prüfen, ob wir mit den Vorgaben einverstanden sind; je nach Geschmack nehmen wir Korrekturen vor.

Hier gibt es leider keine allgemeingültige Regel, die meisten Funktionen haben positive wie negative Auswirkungen: Möchten wir komfortable Navigationsdienste nutzen oder stören wir uns an der technischen Möglichkeit, Bewegungsprofile zu erstellen?

Ein Blick in die Einstellungen lohnt sich insbesondere auf Mobilgeräten auch nach Installation neuer Apps: Hin und wieder ist es durchaus bemerkenswert, welche Berechtigungen eine Anwendung haben möchte. Wenn sich überhaupt nicht mehr nachvollziehen lässt, warum ein Programm Zugriff beispielsweise auf das Mikrofon haben möchte, dann ist das ein gutes Indiz dafür, dass wir uns dieses Werkzeug besser nicht installieren sollten.

Der etwas mühsame Weg durch die Systemeinstellungen vermittelt uns auch ein intuitives Gefühl dafür, wie ernst ein Hersteller es mit dem Datenschutz nimmt:

Gibt es übersichtliche Einstellungen? Sind Aspekte wie „Sicherheit" oder „Datenschutz" klar gekennzeichnet und an prominenter Stelle sichtbar? Oder muss man diese Einstellungen mühsam suchen, weil sie quer über Untermenüs verstreut im siebten Untereintrag versteckt sind?

Es sagt schon etwas aus, ob es uns leicht oder schwer gemacht wird, Datenschutz-Einstellungen vorzunehmen – das gilt natürlich für jedes Programm und jeden Dienst.

Interessant ist in diesem Zusammenhang auch die Übermittlung von „Diagnose"-Daten an den Hersteller. Was genau wird hier übermittelt? Wenn sich hierfür keine klare Antwort finden lässt, sollten wir diese Funktion deaktivieren.

Aus der Ferne sperren und löschen?
Insbesondere bei Mobilgeräten empfiehlt es sich, falls verfügbar, die Option „aus der Ferne löschen" zu aktivieren. So können wir im Falle eines Diebstahls das Gerät sperren bzw. unsere Daten löschen – wobei auch diese Funktion bereits missbraucht wurde [fern1].

3.2.3 Software-Quellen

► *Die Büchse der Pandora …*

Auf Mobilgeräten ist die Auswahl an Software stark eingeschränkt. Android-Geräte haben meistens den Google-Play-Store als AppStore voreingestellt, das lässt sich aber ändern, indem in den Einstellungen die Installation von Software aus unbekannten Quellen zugelassen wird. Alternative AppStores haben sicherlich ihre Existenzberechtigung, hier sollten wir aber sehr genau wissen, was wir tun.

Unter iOS ist die Welt einfacher – und strenger reglementiert. Hier können wir ohne Weiteres nur Apps aus Apples AppStore installieren. Dies ist eine gute Filterung, auch wenn es trotzdem immer wieder unseriöse Apps in den AppStore schaffen [stor1].

Unter den Desktop-Betriebssystemen Windows und macOS haben wir mehr Freiheiten, unter macOS können wir die Installation auf Anwendungen aus dem AppStore und gegebenenfalls zusätzlich auf zertifizierte Entwickler beschränken. Auf Desktop-Rechnern ist es aber noch gängig, Software zu installieren, die nicht im AppStore gelistet ist. Wichtig ist dabei, dass wir Programme nur aus seriösen Quellen laden, etwa direkt bei einem vertrauenswürdigen Hersteller oder aus den Download-Portalen der Fachverlage – hier wird insbesondere bereits eine Viren-Prüfung vorgenommen. Auch nutzen wir eine verschlüsselte

HTTPS-Verbindung, wodurch eine Manipulation des Downloads über eine „Man-in-the-Middle"-Attacke erschwert wird:

→ `https://www.heise.de/download`
→ `https://www.chip.de/download`
→ `https://www.pcwelt.de/downloads`
(aufgerufen am 27.12.2017)

Wie immer gibt es auch hier keine Garantien, es wurden bereits Anbieter-Seiten gehackt, so dass Schadsoftware installiert wurde [bado1]

3.2.4 Ungenutzte Funktionen

► *Was ich nicht nutze, muss auch nicht vorhanden sein …*

… oder kann zumindest deaktiviert werden. Viele Angriffe auf unser System erfolgen über Dienste, die wir ohnehin nicht nutzen. Wozu sich also einem unnötigen Risiko aussetzen? Banalerweise gilt: Die sicherste Funktion ist eine, die gar nicht existiert.

Es hilft also, kritisch zu hinterfragen, was wir überhaupt benötigen. Brauchen wir Skripte? Makros in Office-Dokumenten? Als Endanwender beantworten wir viele dieser Fragen mit „nein" – nicht zuletzt, weil wir teilweise gar nicht wissen, wovon hier überhaupt die Rede ist. Ein Profi oder Systemadministrator mag das freilich anders sehen.

Speziell für Windows können wir mit dem Werkzeug „Windows Protec'tor" des heise-Verlages zahlreiche Dienste und Funktionen deaktivieren, die uns meist nicht interessieren [prot1]:

→ `https://github.com/jamct/protector/releases`
(aufgerufen am 27.12.2017)

Wie weit wir dabei gehen möchten, bleibt uns überlassen. Einige Maßnahmen – etwa das Deaktivieren der „Autoplay"-Funktion für eingelegte Datenträger – können etwas lästig sein und müssen nicht genutzt werden.

3.2.5 Dateiendungen

► *Sag mir, was Du bist!*

Eine sehr wichtige Funktion ist, Dateiendungen immer anzuzeigen. Es ist mehr als ärgerlich, wenn eine bösartige Datei namens `harmlos.pdf.exe` auf den ersten Blick nach einem ungefährlichen PDF-Dokument aussieht, nur weil die exe-Endung ausgeblendet wird.

Unter macOS stellen wir dies in den Einstellungen des Finders ein. Unter Windows stellen wir dies im Explorer ein oder im Rahmen der Konfiguration von Windows Protec'tor.

3.2.6 Virenscanner

> *Digitaler Impfschutz?*

Kein Gerät ohne Virenschutz? Das war lange eine klare Devise, aber die Zeiten ändern sich. Windows bringt mit dem Windows Defender bereits eine eigene Technik mit, die vor Schadsoftware schützen soll, ebenso macOS mit Xprotector und Gatekeeper. Unter Android arbeitet Google Play Protect, iOS lässt ohne Jailbreak überhaupt keine Installationen außerhalb des Apple-AppStores zu.

Ein Jailbreak – also das bewusste Umgehen von Nutzungs-Einschränkungen und damit meist auch das Aushebeln von Sicherheitsfunktionen – mag spannend sein, davon sollten wir aber die Finger lassen. Der potenzielle Schaden ist enorm, der konkrete Nutzen für uns als Endanwender sehr zweifelhaft.

Die Frage ist also: Sollen wir *zusätzlich* zum bereits vorhandenen Virenschutz einen weiteren Virenscanner installieren? Diese Frage ist nicht einfach zu beantworten:

Virenscanner benötigen weitreichende Zugriffsrechte im System, um ihre Aufgabe überhaupt sinnvoll erledigen zu können. Zynischerweise werden damit die Virenscanner selbst zu einem hoch-attraktiven Angriffsziel:

- Wenn man dem Virenscanner eine Datei unterschiebt, die er für einen Virus hält, kann das ungeahnte Folgen haben. Bei einer E-Mail beispielsweise könnte je nach Konfiguration „die Datei" gelöscht werden, was unser gesamtes E-Mail-Archiv zerstören kann. Dabei spielt es keine Rolle, ob die E-Mail tatsächlich gefährlich war oder vom Virenscanner fälschlich für einen Virus gehalten wurde.
- Bei Virenscannern sollten wir besonders genau darauf achten, wo wir dieses Programm laden. Insbesondere bei unseriösen Download-Portalen ist es denkbar, dass bereits im Zuge des Downloads oder der Installation dem Virenscanner selbst Schadcode untergeschoben wurde – oder die Anwendung überhaupt nicht authentisch ist.
- Wegen ihrer umfangreichen Rechte wären Virenscanner eine ideale Stelle, um beim Anwender Software mit Hintertüren zu platzieren. Das Maß an Vertrauen, das wir den Herstellern von Anti-Viren-Software entgegenbringen müssen, ist entsprechend hoch.
- Der Virenscanner selbst kann – wie jede Software – Fehler beinhalten. Unter Umständen braucht man dem Scanner nur eine geschickt konstruierte Datei vorzusetzen und kann bereits dadurch Schaden anrichten [vir1].

Es gibt durchaus Stimmen, die die Ansicht vertreten, der Schaden von Virenscannern sei größer als deren Nutzen [virn1].

Wir möchten hier keineswegs von der Nutzung von Virenscannern abraten, sollten aber bei der Installation besonders vorsichtig sein und nicht alles installieren, das sich „Virenscanner" nennt und Schutz verspricht.

Ein Blick auf unabhängige Tests ist hier besonders wichtig, beispielsweise:

→ `https://www.av-test.org/de/`
(aufgerufen am 27.12.2017)

3.3 Passwortsicherheit und Authentifizierung

▶ *Je schwieriger, desto besser?*

„Bitte beachten Sie, dass Ihr Passwort die folgenden Kriterien erfüllen sollte:"

- Es muss mindestens Kleinbuchstaben, Großbuchstaben, Ziffern und Sonderzeichen enthalten.
- Es muss mindestens 8 Zeichen lang sein.
- Es darf keine einfache Zeichenfolge sein wie „abcdefgh" oder „12345678".

Derartige Hinweise sind so vernünftig und nachvollziehbar wie nervtötend. Oft haben wir den Eindruck, die gängigen Passwortrichtlinien dienten ausschließlich dazu, Passwörter zu erzwingen, die sich kein Mensch mehr merken kann.

In den folgenden Kapiteln möchten wir uns einige grundsätzliche Fragen bezüglich der Authentifizierung stellen:

- Wie muss ein sicheres Passwort aussehen?
- Wie merken wir uns Passwörter und wo speichern wir sie bei Bedarf?
- Was ist „Single-Sign-On"?
- Welche zusätzliche Mechanismen zur Absicherung eines Logins gibt es?
- Wie sieht der Login der Zukunft aus?

3.3.1 Passwörter

▶ *Ich merk's mir …*

Der erste Schritt zu einem sicheren Passwort sollte immer sein, das vorgegebene Standard-Passwort zu ändern. Es mag zwar Produkte und Hersteller geben, bei denen die voreingestellten Passwörter ein ausreichendes Maß an Sicherheit bieten, aber allein die Recherche, ob dies im vorliegenden Fall gegeben ist, kostet Zeit und Nerven.

Wir wählen lieber grundsätzlich ein eigenes Passwort.

Das ist aber kein einfaches Unterfangen: Insbesondere auf Mobilgeräten mit ihren winzigen Touch-Tastaturen macht die Eingabe eines Passworts wie „`9(]h}os_,;M§42$@`“ wenig Spaß.

Wie kommen wir also zu einem „guten“ Passwort?

Zunächst stellen wir uns die Frage: Was ist sicherer, ein langes Passwort oder viele Sonderzeichen?

Welches Passwort ist also besser: „`M_4j-@`“ oder „`ikuzqssako`“?

Gefühlsmäßig wirkt das Passwort mit Sonderzeichen seltsamer – und damit sicherer, aber der Schein trügt. Sehen wir uns also zunächst in Tab. 3.1 an, wie viele mögliche Passwörter es größenordnungsmäßig gibt:[1]

Wir erkennen: Die Länge macht's.

Es bringt gar nicht so viel, sich die Finger bei der Eingabe komplizierter Sonderzeichen zu brechen, so ist „`i3$M_T`“ tatsächlich weniger sicher als „`oapmnwxzgu`“.

Wenn also die Passwörter nicht auf eine unangenehm kurze Länge beschränkt sind und wir daher nicht gezwungen sind, allerlei Sonderzeichen einzubauen, dann lohnt sich ein Passwort aus „einfachen“ und dementsprechend leicht zu tippenden Zeichen – wenn es nur lang genug ist.

Wir möchten uns nun gar nicht mit der Frage befassen, ob 10^{15} mögliche Passwörter genug sind oder ob nicht 10^{20} nötig wäre. Wichtiger ist, dass wir keine groben Fehler begehen:

- Persönliche Informationen wie Geburtsdaten oder Adressen haben nichts in einem Passwort verloren.
- Passwörter, die sich erraten lassen, sind ebenfalls tabu, wie beispielsweise „`Pa$$w0rt`“.
- *Niemals* sollten wir das gleiche Passwort für unterschiedliche Dienste nutzen. Ein geknacktes Passwort ist schlimm genug, wenn damit aber gleich mehrere Accounts gehackt sind, dann wird es unnötig gefährlich.

Tab. 3.1 Passwortstärken

Zeichenvorrat	Anzahl Zeichen	Anzahl möglicher Passwörter und Beispielpasswort		
		6stellig	10stellig	16stellig
Kleinbuchstaben	26	10^{8} rihbqp	10^{14} oapmnwxzgu	10^{22} kqatyzxuwpkjiuus
Klein- und Großbuchstaben	52	10^{10} iTZuhj	10^{17} mWeTzyYsfD	10^{27} oQwzBpaaAkiRyini
Klein, Groß, Ziffern	62	10^{10} k3iZ7o	10^{17} m2Qw77zGhY	10^{28} Ki9qQhbzYSDf76hZ
Klein, Groß, Ziffern, Sonderzeichen	90	10^{11} i3$M_T	10^{19} -2w9L(+3iK	10^{31} kW:-33t$(iu/Mq2n

[1] Wie gehen hier davon aus, dass es 28 Sonderzeichen gibt, die noch einigermaßen erträglich über die Tastatur erreichbar sind.

Als nächstes klären wir die Frage: Müssen wir das Passwort so oft eingeben, dass wir es uns merken müssen oder nicht? Beispielsweise müssen wir das Passwort eines E-Mail-Accounts meist nur ein einziges Mal beim Einrichten des Accounts im E-Mail-Client angeben. Da kann das Passwort so umständlich sein, wie es will – Hauptsache sicher.

Falls wir uns ein Passwort tatsächlich merken müssen, dann stellen wir schnell fest: Kaum jemand kann sich Zeichenfolgen wie „oapmnwxzgu" merken. Es gibt nun verschiedene Strategien, dem zu begegnen:

Basis-Passwort mit kleiner Ergänzung

Wir merken uns ein einziges, halbwegs sicheres Basis-Passwort, wie etwa „i3$M_T". Hier ergänzen wir dann je nach Dienst einige Zeichen. Damit wäre unser Amazon-Passwort „i3$M**AM**_T", das eBay-Passwort „i3$M**EB**_T", das PayPal-Passwort „i3$M**PP**_T" usw.

Diese Strategie hat jedoch den Nachteil, dass unterschiedliche Dienstanbieter oft völlig verschiedene Anforderungen an ihre Passwörter stellen. Das betrifft die minimale und maximale Länge ebenso wie zulässige Sonderzeichen. Es ist also unter Umständen gar nicht einfach, ein universal verwendbares Basis-Passwort zu finden.

Außerdem wäre es denkbar, dass unsere Strategie erraten wird, wenn eines der Passwörter gehackt wird. Dazu können wir dieses Vorgehen natürlich beliebig ausbauen, indem wir ein komplexeres Basis-Passwort wählen oder unseren anbieterspezifischen Anteil nicht zusammenhängend, sondern verstreut einbauen.

Anfangsbuchstaben von Sätzen

Wir merken uns Passwörter anhand relativ einfacher Sätze, deren Anfangsbuchstaben wir verwenden, beispielsweise:

„Ich biete gerne auf Auktionen bei eBay, leider erhalte ich nicht immer den Zuschlag." würde das Passwort „IbgaAbEleinidZ" ergeben.

Hier ist es besonders einfach, Passwörter beliebiger Länge zu erzeugen.

Unserer Kreativität sind hier kaum Grenzen gesetzt.

3.3.2 Passwort-Safes

▶ *Merk' Du's Dir ...*

Wie haben gesehen, dass es einiger Klimmzüge bedarf, sich Passwörter zu merken, die einerseits komplex genug sind, um nicht erraten zu werden, andererseits für jeden genutzten Dienst unterschiedlich sind. Eine Lösung für dieses Dilemma scheint auf der Hand zu liegen: Wir nutzen einen Passwort-Safe. Dort speichern wir unsere Passwörter – sie können dann streng genommen zufallsgeneriert sein – und merken uns selbst nur noch ein einziges Passwort: das des Passwort-Safes.

Es gibt zahlreiche Angebote, etwa KeePass oder LastPass:

→ `https://keepass.info/`
→ `https://www.lastpass.com/de`
(aufgerufen am 27.12.2017)

Offenbar muss ein solcher Passwort-Safe die gespeicherten Passwörter ordentlich verschlüsseln. Interessant ist eher die Anforderung, dass wir natürlich die Passwörter sowohl auf dem Desktop als auch auf dem Notebook als auch auf dem Handy nutzen möchten.

Wir können – das ist kein allzu großer Aufwand – unsere Passwörter auf jedem Gerät *einmalig* manuell eingeben und dann den Passwort-Safe nutzen. Das hat den Vorteil, dass wir nicht gezwungen sind, nach einem Passwort-Safe zu suchen, der für jedes genutzte System verfügbar ist: Wir können durchaus auf dem Smartphone eine andere Anwendung nutzen als auf dem Notebook.

Komfortabler ist es natürlich, wenn wir die Passwörter über einen Cloud-Mechanismus synchronisieren. Das macht jedoch den Passwort-Safe selbst zu einem interessanten Angriffsziel. Angriffe auf Passwort-Safes bzw. Single-Sign-On-Dienste kamen schon vor [safe1] und sind besonders gefährlich, denn bei Erfolg hat der Hacker tatsächlich den Jackpot geknackt.

Unterm Strich bleibt die Erkenntnis, dass Passwort-Safes eine gute Idee sind, solange man auf eine Cloud-Synchronisation der Passwörter verzichtet. Sobald ein solcher Abgleich nötig ist, sollten wir kritisch hinterfragen, ob der Anbieter vertrauenswürdig genug ist und ob das Risiko nicht den Nutzen übersteigt.

Tatsächlich kann es je nach persönlicher Einstellung – und je nach genutztem Dienst! -besser sein, sich ein halbwegs gutes Passwort zu merken, das nach einem der oben genannten Rezepte erzeugt wurde, als ein sensationell-fantastisch-unknackbar-supergutes Passwort einem cloudbasierten Dienst anzuvertrauen und damit allerlei neue Sicherheitslücken aufzureißen.

Ein ziemlich sicherer Passwort-Safe ist übrigens ein Blatt Papier, auf dem wir das Passwort mit Hilfe eines Kugelschreibers speichern. Dieses Vorgehen verbietet sich selbstverständlich in einem Umfeld, in dem Fremde Zugang zu besagtem Zettel hätten – am Arbeitsplatz beispielsweise. Für die private Nutzung daheim kann dies aber eine durchaus praktikable Alternative sein: Hier muss der Hacker schon höchstpersönlich in unserer Wohnung vorbeischauen, um das Passwort zu knacken – kein allzu realistisches Szenario. In jedem Fall sollte dieser Zettel gut gehütet sein.

3.3.3 Passwort-Verwaltung im Browser

> *Unkompliziert und komfortabel ...*

Was könnte näher liegen, als den Browser selbst als Passwort-Safe für Internet-Angebote zu nutzen? Einige Browser bieten an, Zugangsdaten und insbesondere auch Passwörter für Webseiten zu speichern.

Wir sind dabei nicht auf eine explizite Kooperation mit dem jeweiligen Seitenbetreiber angewiesen: Der Browser erkennt Eingabefelder für Anmeldenamen und Passwörter selbstständig. Nach *einmaliger* manueller Eingabe von Benutzername und Kennwort in der entsprechenden Web-Maske werden diese Daten künftig vorausgefüllt – ein hohes Maß an Komfort, dargestellt in Abb. 3.4.

Diese Funktion sollten wir aber nur dann in Betracht ziehen, wenn der Browser unsere Anmeldedaten *verschlüsselt* abspeichert – wie etwa Firefox. Das dazu nötige Master-Passwort müssen wir dann einmal pro Sitzung eingeben.

Die Frage der Synchronisation dieser Daten über die Cloud ist ähnlich zu sehen wie bei Passwort-Safes: Das sollten wir bleiben lassen, schließlich ist es kein allzu großer Aufwand, die Zugangsdaten auf jedem Gerät *einmalig* einzugeben.

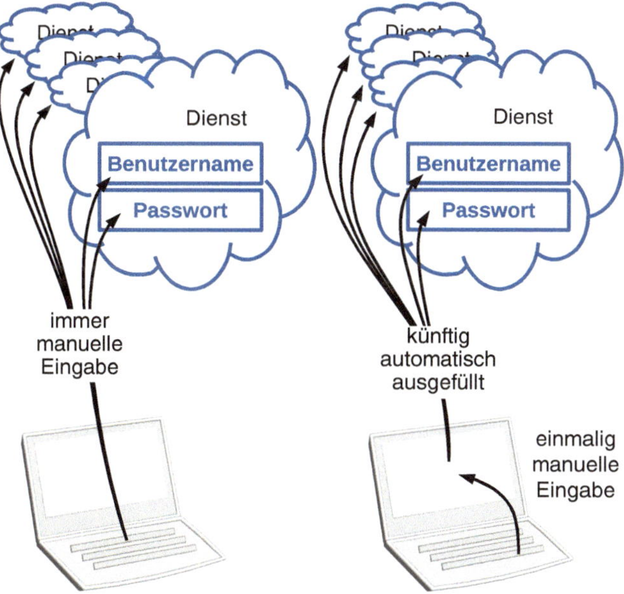

Abb. 3.4 Klassische Logins und Passwort-Verwaltung im Browser

3.3.4 Passwörter regelmäßig ändern

▶ *Öfter mal was Neues ...*

Oft wird empfohlen oder teilweise sogar technisch erzwungen, Passwörter in regelmäßigen Abständen zu ändern.

Diese Idee ist Fluch und Segen zugleich: Wir werden dazu verleitet, uns jeweils ein – möglichst einfaches? – Schema zu überlegen, nach dem wir unsere Passwörter ändern. Dabei besteht natürlich die Gefahr, dass im Ergebnis die Passwörter weniger sicher sind als ein einmal gewähltes, sicheres Passwort, das *nicht* nach einer Regel konstruiert wurde.

Andererseits sind regelmäßig geänderte Passwörter ein Sicherheitsgewinn: Ein Passwort, das beispielsweise durch einen Anbieter-Hack erbeutet wurde, verliert schnell seinen Wert.

Eine regelmäßige Änderung von Passwörtern bietet sich also insbesondere dort an, wo wir sie uns *nicht* auswendig merken müssen – die Passwörter also im Browser oder in einem Passwort-Safe gespeichert sind.

Bei allen Sicherheitsmaßnahmen sollten wir dabei den Dienst im Auge behalten, um den es geht:

Wie wichtig ist dieser Dienst? Wie sensibel sind die Daten, die wir ihm anvertrauen? Welcher Schaden könnte bei einem Missbrauch entstehen? Lohnt sich die Mühe, sich regelmäßig neue Passwörter auszudenken und zu merken?

3.3.5 2-Faktor-Authentifizierung

▶ *Doppelt hält besser ...*

Das Passwort ist zweifellos ein wichtiger Bestandteil eines Anmelde- bzw. Authentifikations-Prozesses, jedoch nicht unbedingt der einzige.

Bei wichtigen Anwendungen werden Aktionen daher im Rahmen der 2-Faktor-Authentifizierung bestätigt. Der Sinn besteht darin, ein zweites Gerät einzubeziehen; ein Missbrauch soll nur noch möglich sein, wenn der potenzielle Angreifer beide Geräte unter seine Kontrolle gebracht hat.

Wir kennen dieses Vorgehen am ehesten von Bank-Überweisungen. Hier geht es zwar nicht um die Authentifizierung beim Login, sondern um die Freigabe einer konkreten Transaktion, die Idee ist aber die gleiche:

Nachdem wir uns mit unserem Passwort angemeldet haben, muss jede einzelne Transaktion über einen separaten Code freigegeben werden, der an ein vertrauenswürdiges Gerät geschickt wird – sei es per SMS ans Handy oder an einen TAN-Generator.

Diesen Mechanismus bieten mittlerweile zahlreiche Dienste auch für den Login-Vorgang an. Wenn wir einem Dienst wichtige Daten anvertrauen, sollten wir die 2-Faktor-Authentifizierung nutzen, wo immer sie angeboten wird.

3.3.6 Single-Sign-On

▶ *Einer für alle, alle gegen einen?*

„Bitte melden Sie sich mit Ihrem Google- oder Facebook-Account an."

Das kennen wir. Es ist komfortabel, nur einen – oder wenigstens wenige – Accounts und dazugehörige Passwörter zu pflegen und diesen Account dann zu nutzen, um sich bei allerlei Diensten anzumelden – „Single-Sign-On".

Die Funktionsweise eines Single-Sign-On-Dienstes ist in Abb. 3.5 dargestellt.

Wir machen uns an dieser Stelle insbesondere klar, was ein Single-Sign-On-Dienst *nicht* ist: Es ist *kein* Passwort-Safe. Wir hinterlegen *nicht* beim Single-Sign-On-Dienst die Passwörter all unserer Logins und erlauben diesem Dienst dann, sich „in unserem Namen" anzumelden – das wäre auch höchst bedenklich, denn für den eigentlichen Dienstanbieter wäre nicht mehr zu unterscheiden, ob wir uns direkt anmelden oder jemand anderes, dem wir unsere Login-Daten verraten haben.

Vielmehr melden wir uns beim Single-Sign-On-Dienst an und dieser authentifiziert sich dann beim eigentlichen Anbieter, dessen Dienst wir letztlich nutzen möchten – falls dieser überhaupt mit unserem Single-Sign-On-Dienst kooperiert. Gibt es keine solche Kooperation, können wir uns beim jeweiligen Anbieter nicht per Single-Sign-On anmelden.

So komfortabel dieser Weg auch sein mag, das Risiko hierbei ähnelt dem, das wir bei mehrfacher Verwendung des gleichen Passworts oder bei zentral gespeicherten Passwort-Safes bereits kennengelernt haben:

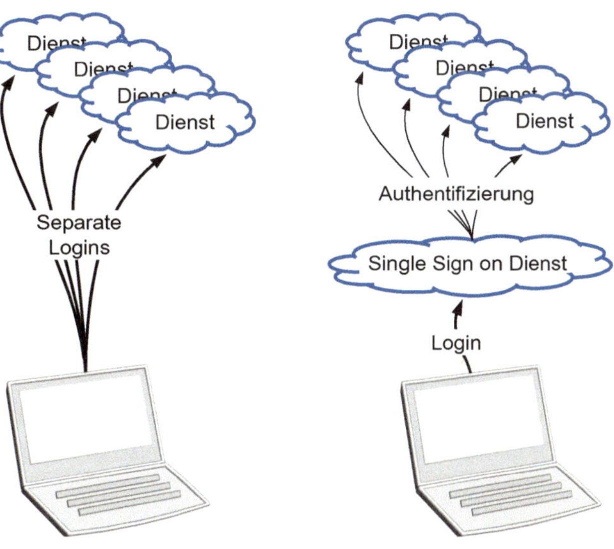

Abb. 3.5 Klassische Logins und Single-Sign-On

Wird unser Single-Sign-On-Passwort erraten bzw. geknackt oder wird der Anbieter gehackt, dann hat der Angreifer freie Fahrt – nicht nur bei einem einzigen Dienst, sondern bei vielen.

Andererseits ist nicht zu leugnen, das Single-Sign-On-Konzepte sehr komfortabel sind, denn all die Strategien zum Merken von Passwörtern zeigen nur eines: Es ist ein Akt der Verzweiflung, sich als Mensch ausreichend komplexe Passwörter in ausreichender Anzahl merken zu wollen.

Wenn wir uns also für einen Single-Sign-On-Dienst interessieren, dann sollte dieser einige Kriterien erfüllen:

- **Datenschutz**
  Selbstverständlich erwarten wir von einem Single-Sign-On-Dienst einen vertraulichen Umgang mit unseren Daten. Würde ein solcher Dienst etwa Nutzerprofile verkaufen, wäre das ein klares K.O.-Kriterium.

  Ein Indiz für ein hohes Maß an Datenschutz ist nicht zuletzt, wenn der Dienst beispielsweise im Inland angesiedelt ist und dementsprechend inländischen Datenschutz-Gesetzen unterliegt.
- **Datensicherheit**
  Der schönste Datenschutz hilft wenig, wenn der Dienst gehackt wird. Es sollte also alles Menschenmögliche getan werden, um den Dienst vor Angriffen zu schützen. Für uns ist das nur schwierig zu prüfen. Wenn in der Presse von erfolgreichen Attacken die Rede ist, dürfte es oft schon zu spät sein.

  Ein Kriterium kann sein, wenn der Dienst von Behörden oder großen Unternehmen genutzt wird: Wir hoffen dann, dass er von Fachleuten genau unter die Lupe genommen wurde – eine Qualitätsgarantie ist das freilich nicht.
- **Transparenz**
  Es sollte für den Endanwender klar und verständlich sein, wie mit den Nutzerdaten umgegangen wird.
- **Konfiguration**
  Der Endanwender sollte *genau* kontrollieren können, wer vom Single-Sign-On-Dienst welche persönlichen Informationen zu welchem Zweck erhält. Es sollte auf jeden Fall die einfache und komfortable Möglichkeit geben, zu sagen: „Niemand bekommt irgendwelche Daten von mir, solange ich das nicht explizit erlaube."
- **Kosten**
  Um für uns als Endanwender interessant zu sein, darf ein Single-Sign-On-Dienst keine nennenswerten Kosten verursachen.
- **Teilnehmende Dienste**
  Last but not least hilft der beste Single-Sign-On-Dienst nichts, wenn die Anbieter, die wir häufig nutzen, überhaupt keine Kooperation mit dem Single-Sign-On-Anbieter eingegangen sind.

Ob es für uns überhaupt in Frage kommt, einem Anbieter ein solches Maß an Vertrauen entgegenzubringen, müssen wir selbst entscheiden.

Ein interessanter Vorstoß kommt dabei aus Deutschland: Hier steigt der Dienst „Verimi" (angelehnt an „verify me") in den Ring, um die Dominanz von Google, Facebook & Co. zu brechen:

→ `https://verimi.de/`
(aufgerufen am 27.12.2017)

Es scheint offensichtlich, dass Funktionalität und Komfort hier keine Kriterien sein können – damit ließe sich kaum eine ernst zu nehmende Konkurrenz zu den bereits etablierten Diensten aufbauen. Tatsächlich ist der Datenschutz das entscheidende Argument: Der Benutzer bestimmt selbst, welche Daten an wen übertragen werden. Verimi adressiert auch explizit Behörden – um hier akzeptiert zu werden, ist ein hohes Maß an Vertraulichkeit und Datenschutz obligatorisch [veri1, bdru1]. Interessant wird, ob die Macher von Verimi die unvermeidliche anfängliche Durststrecke durchhalten und eine breite Nutzerbasis erreichen können, Konkurrenz gibt es beispielsweise auch von GMX und WEB.de [alt1].

Bei Verimi wird auch angeboten, auf die Nutzung von Passwörtern zu verzichten und stattdessen eine Authentifikation per Handy anzubieten: Mobile Connect [vmmc1].

Bei aller gebotenen Sicherheit bleibt aber unbestreitbar, dass ein solcher Single-Sign-On-Dienst letztlich den Generalschlüssel für unsere digitale Identität in den Händen hält – Komfort ist meist nicht risikolos zu haben.

3.3.7 Biometrische Zugangskontrolle

► *Daumen drauf!*

Der Login der Zukunft kommt ohne Passwörter aus. Zu aufwändig ist die Handhabung von Passwörtern, zu groß das Risiko, das durch triviale oder mehrfach genutzte Passwörter entsteht.

Ein Weg könnte die Authentifikation per Handy sein, eine andere Alternative zum Passwort ist der Zugriffsschutz mit Hilfe biometrischer Merkmale, wie etwa einem Fingerabdruck oder per Gesichtserkennung.

Genau wie versucht wird, Passwörter zu knacken oder zu erraten, wird natürlich auch versucht, biometrische Authentifizierungs-Verfahren auszutricksen. Die Zeiten, in denen hierfür ein simples Foto genügt, sollten vorbei sein; bevor wir einen biometrischen Login für einen sensiblen Dienst nutzen, sollten wir aber sicherheitshalber eine kurze Web-Recherche zum aktuellen Stand der Sicherheit durchführen.

Was den Umgang mit den biometrischen Daten angeht, sollten wir auf jeden Fall prüfen, ob diese ausschließlich lokal auf dem Gerät gespeichert werden oder ob sie auch beim Hersteller abgelegt sind.

3.4 Verschlüsselung des gesamten Systems

▶ *Gerät weg? Daten geschützt!*

Ein wichtiger Schritt zum Schutz unserer persönlichen Daten besteht darin, diese zu verschlüsseln.

Eine einfache und effektive Maßnahme zum Schutz unserer Daten ist dabei die Komplett-Verschlüsselung des Geräts. Der Sinn der Geräteverschlüsselung liegt darin, die Daten unzugänglich zu machen, sollte unser Gerät in falsche Hände geraten – etwa bei einem Diebstahl.

Die Vorteile der Geräteverschlüsselung liegen auf der Hand:

- Die Verschlüsselung arbeitet unsichtbar im Hintergrund und behindert uns nach einmaliger Eingabe des Passworts beim Entsperren, Login bzw. Bootvorgang nicht in der Arbeit.
- Auf modernen Geräten ist keine nennenswerte Performance-Einbuße zu spüren.
- Die Einrichtung ist einfach bzw. geschieht vollautomatisch.

Eine spannende Frage ist: Was ist mit dem Hersteller? Können Microsoft, Apple oder Google die Geräteverschlüsselung brechen? In einigen Fällen können wir einen „Recovery-Key" beim Hersteller hinterlegen, spätestens dann liegt der Verdacht nahe, dass eine herstellerseitige Entschlüsselung möglich sein könnte. Das hat durchaus seinen Sinn – etwa wenn wir unser Passwort vergessen. Ob diese potenzielle Gefahr in unseren Augen eine Rolle spielt oder ob diese Angst paranoid ist? Das müssen wir selbst entscheiden.

Die Erkenntnis bleibt: Hersteller sind sicherlich nicht über jeden Zweifel erhaben, aber wenn wir dem Hersteller nicht vertrauen können, dann bleibt nur Verzicht.

3.4.1 Handy/Tablet

▶ *Nichts Unverschlüsseltes herumtragen …*

Mobilgeräte mit iOS verschlüsseln den Gerätespeicher automatisch, unter Android können wir die Verschlüsselung manuell aktivieren. Mit aktivierter Verschlüsselung brauchen wir uns um nichts weiter zu kümmern: Solange das Gerät mit Fingerabdruck, Wischgeste oder PIN geschützt ist, kommt ein Angreifer nicht ohne Weiteres an unsere Daten.

Gefahr besteht hier eher darin, dass anhand der Fettabdrücke auf dem Display unsere Entsperr-Geste erraten werden kann.

3.4.2 Desktop-PC/Notebook

▶ *Was mobil gut ist, schadet auch lokal nicht …*

Mindestens Notebooks sollten ebenfalls komplett verschlüsselt sein, bei einem Desktop-Rechner schadet das auch nicht – spätestens mit Blick auf einen späteren Verkauf.

Unter Windows setzen wir beispielsweise BitLocker ein. Bei den aktuellen Pro- und Enterprise-Versionen von Windows ist BitLocker enthalten. Wenn wir eine Home-Version von Windows einsetzen, können wir das gesamte Windows-System mit VeraCrypt verschlüsseln:

→ `https://www.veracrypt.fr/en/Home.html`
(aufgerufen am 27.12.2017)

Diese Software genießt ein hohes Maß an Vertrauen, denn der Source-Code ist offengelegt und wurde auch von unabhängiger Stelle auditiert [vaud1].

Beim Hochfahren des Rechners werden wir nach dem Passwort gefragt. Einmal eingegeben benimmt sich der Rechner wie immer.

Unter macOS liefert FileVault die entsprechende Funktion, mit Anmeldung eines berechtigten Benutzers wird die lokale Festplatte entschlüsselt.

3.5 Verschlüsselung lokaler Daten

▶ *Verschlüsselung je nach Bedarf …*

Die Verschlüsselung des gesamten Geräts arbeitet völlig unsichtbar im Hintergrund, was komfortabel ist. Diese Vorgehensweise hat aber auch Nachteile:

Sind wir einmal angemeldet, ist von der Verschlüsselung nichts mehr zu merken. Wenn es also beispielsweise jemand schafft, ein Schadprogramm auf unserem Rechner zu installieren, dann kann dieses Programm alle Daten lesen. Die Geräteverschlüsselung schützt uns also vor neugierigen Blicken auf ein verlorenes oder gestohlenes Gerät, nicht aber vor Malware, die ihren Weg bereits auf unseren Rechner gefunden hat.

Eine mögliche Lösung besteht hier in der gezielten Verschlüsselung einzelner Daten. Wenn wir beispielsweise ein verschlüsseltes Archiv namens „Steuern“ anlegen und dort alle steuerrelevanten Daten ablegen, dann kann sich ein Angreifer Zugang zu unserem Rechner verschaffen, soviel er will: Solange wir das Archiv nicht öffnen, kann es nicht gelesen werden. Wir haben unsere Daten also so verschlüsselt, dass nur *bei Bedarf* darauf zugegriffen werden kann, folglich sind sie auch nur bei Bedarf überhaupt lesbar.

3.5.1 Verschlüsselte ZIP-Archive

▶ *Ab ins Archiv …*

Ein einfacher Weg der Verschlüsselung besteht darin, ein plattformneutrales ZIP-Archiv mit den Daten zu erstellen, das verschlüsselt ist.

Unter macOS können wir das mit Bordmitteln erledigen, müssen aber die Kommando-Zeile bemühen. Unter Windows können wir dazu WinZIP oder 7ZIP nutzen.

Meist stehen zwei Varianten der Verschlüsselung zur Verfügung:

- **ZIP**
  Ein altes und unsicheres Verschlüsselungsverfahren. Wir sollten dieses nur noch nutzen, um alte Archive zu öffnen und in ein aktuelles Format zu wandeln.
- **AES**
  Die AES-basierte Verschlüsselung gilt heute als sicher.

→ `http://www.winzip.de/`
→ `http://www.7-zip.org/`
(aufgerufen am 27.12.2017)

Verschlüsselte ZIP-Archive eignen sich weniger zur aktiven Arbeit als zum Archivieren von Daten. Zu beachten ist hier, dass zwar die Inhalte, nicht aber die Dateinamen verschlüsselt sind: Auch ohne Kenntnis des Passworts können wir ein verschlüsseltes ZIP-Archiv öffnen und die Dateiliste ansehen. Erst beim Extrahieren einer Datei wird nach dem Passwort gefragt.

Unter macOS können wir auch ein verschlüsseltes und komprimiertes DMG-Archiv mit Hilfe des Festplatten-Dienstprogramms erzeugen – unter Verzicht auf Plattformneutralität.

3.5.2 Verschlüsselte Container

▶ *Für die tägliche Arbeit …*

Verschlüsselte Container bieten ein hohes Maß an Flexibilität. Unter macOS können wir hier mit Bordmitteln arbeiten und wieder mit dem Festplatten-Dienstprogramm ein DMG-Archiv erzeugen – verschlüsselt, aber jetzt nicht komprimiert. Diese Lösung ist einfach und komfortabel, aber nicht plattformneutral.

Sowohl unter macOS als auch unter Windows können wir auch hier mit VeraCrypt arbeiten:

→ `https://www.veracrypt.fr/en/Home.html`
(aufgerufen am 27.12.2017)

Die grundsätzliche Vorgehensweise einer containerbasierten Verschlüsselung ist in Abb. 3.6 veranschaulicht: Im Dateisystem liegt eine ganz normale Datei, in unserem Beispiel „Container.vc“. Diese Datei ihrerseits beheimatet ein komplettes Dateisystem.

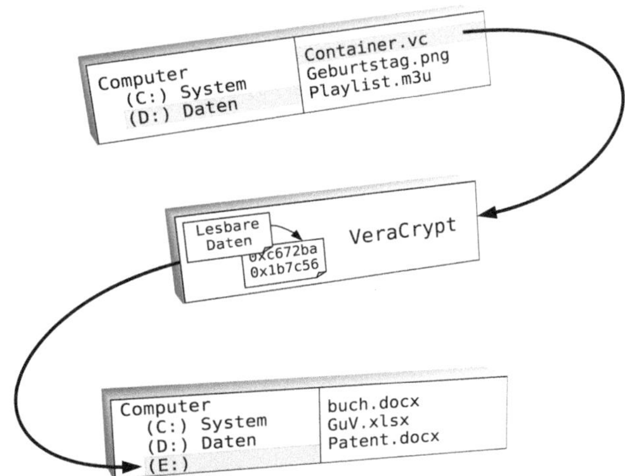

Abb. 3.6 Funktionsweise einer Container-Verschlüsselung mit VeraCrypt

Wird dieser Container geöffnet, so wird dessen Inhalt als vollständiges neues Laufwerk eingebunden, auf dem wir wie auf einem lokalen Laufwerk arbeiten können.

Diese Technologie ist folglich zum aktiven Arbeiten und nicht nur zu Archivierungszwecken geeignet.

3.5.3 Verschlüsselung einzelner Dateien

▶ *Häppchenweise ...*

Unter aktuellen Windows-Versionen haben wir auch die Möglichkeit, einzelne Dateien zu verschlüsseln. Diese Verschlüsselung arbeitet ohne Eingabe eines Passworts basierend auf Zertifikaten, die Windows automatisch erzeugt und mit unserem Benutzer-Account verknüpft.

Dieses Vorgehen sei hier nur der Vollständigkeit halber erwähnt. Der Austausch verschlüsselter Dateien ist hier einigermaßen umständlich – es muss ein Zertifikat exportiert werden.

Die Nutzung der System-Verschlüsslung bzw. die Erstellung eines verschlüsselten Containers erscheint flexibler und leistungsfähiger.

3.6 Internetzugang

▶ *Das Tor zur Welt ...*

Die bisher betrachteten Konzepte der System-Verschlüsselung bzw. der Verschlüsselung einzelner Dateien gelten bereits für Rechner, die gar keinen Internetzugang haben. Die dürften heute aber eher die Ausnahme sein und sobald wir im Netz aktiv sind, ist der Internetzugang selbst eine zentrale Stelle, an der wir unser System absichern.

3.6.1 Router- und Firewall-Konfiguration

▶ *Der Bodyguard am Hauseingang …*

Sobald wir das Internet nutzen, wird unser Router gewissermaßen unser „Tor zur Welt“. Die Konfiguration des Routers und damit eng verwandt die Konfiguration der Firewall in unserem Betriebssystem haben dabei eine entscheidende Bedeutung.

Die Welt ist einfach, solange wir das Internet im klassischen Sinne nutzen, also E-Mails versenden und mit dem Browser Seiten aufrufen. Hier können wir bei der Einstellung der Firewall sagen:

„Erlaube ausgehende Verbindungen, blockiere eingehende Verbindungen.“

Aufwändiger wird es erst, wenn wir beispielsweise eine Webcam betreiben, auf die wir von überall zugreifen wollen. Auch in diesem Fall sollten wir aber bei der genannten Grundeinstellung bleiben und einzelnen Diensten in Form einzelner Berechtigungen nur erlauben, was wirklich nötig ist. Auch Datei- und Druckerfreigaben erteilen wir nur nach Bedarf.

Die direkte Verbindung zum Internet stellt unser Router her. Die wichtigsten Einstellungen sind hier schnell erledigt:

- **Admin-Passwort**
  Das Administrator-Passwort sollte geändert werden.
  Gute Router-Hersteller versehen ihre Geräte zwar mit einem Standard-Passwort, das allen Ansprüchen genügt. Es dürfte aber garantiert sein, dass wir keine Chance haben, uns dieses Passwort zu merken. Welche Passwort-Strategie auch immer wir einsetzen, wir sollten das Router-Passwort selbst setzen.
- **WLAN-Passwort**
  Das WLAN-Passwort sollte ebenso wie das Administrator-Passwort geändert werden.
- **SSID**
  Der Name des WLAN (die sogenannte „SSID“) sollte geändert werden.
  Hier brauchen wir uns keine Mühe zu geben, uns einen passwortähnlichen Buchstabensalat auszudenken, die SSID sollte lediglich *eindeutig* sein und nicht der Standard-Einstellung entsprechen. Das ist wichtig, denn wir möchten uns nicht aus Versehen in ein völlig anderes WLAN einwählen, das zufällig gleich heißt.
- **WPS**
  Die komfortable Schnelleinrichtung des WLAN per WPS sollte deaktiviert werden, sobald wir den Router erfolgreich in Betrieb genommen haben.
- **WPA2**
  Es sollte – falls das nicht ohnehin bereits die Voreinstellung ist – die bestmögliche Verschlüsselung gewählt werden, also „WPA2“.
- **Gast-Zugang**
  Gästen sollten wir nicht unser WLAN-Passwort verraten, sondern einen entsprechenden Gast-Zugang mit eigenem Passwort einrichten.

- **Updates**
  Wie bei jeder sicherheitsrelevanten Software sollten wir für regelmäßige Firmware-Updates sorgen.
- **UPnP**
  Unnötige Dienste sollten deaktiviert werden, insbesondere UPnP. Sollte tatsächlich ein Gerät den UPnP-Dienst benötigen, sollten wir es explizit freigeben.

Zusätzlich gibt es noch einige weitere Einstellmöglichkeiten:

- **SSID-Broadcast**
  Durch die Deaktivierung des „SSID-Broadcast" verbieten wir dem Router, den Namen unseres WLAN öffentlich zu machen. So ist auf den ersten Blick gar nicht ersichtlich, dass unser WLAN überhaupt existiert.
  Diese Einstellung war jedoch nie als Sicherheitsfunktion konzipiert und ist vergleichsweise einfach zu umgehen. Nur ein amateurhafter Angreifer wird an dieser Maßnahme scheitern, und allerspätestens das Knacken einer Verschlüsselung mit einem guten Passwort wäre für diesen Angreifer ohnehin eine unüberwindbare Hürde.
  Wir schaden uns mit dieser Einstellung also eher selbst, denn wir müssen umständlich jedes Mal den WLAN-Namen manuell eingeben, wenn wir ein neues Gerät verbinden möchten.
- **MAC-Filter**
  Man kann über einen sogenannten „MAC-Filter" dafür sorgen, dass sich nur bestimmte Geräte überhaupt am WLAN anmelden dürfen.
  Dazu wählen wir zunächst „alle Geräte zulassen", melden dann unsere eigenen Geräte an und wählen dann „nur bekannte Geräte zulassen". Auch diese Funktion ist aber primär keine Sicherheitsfunktion und lässt sich von Profis umgehen.
  Uns selbst macht sie das Leben schwer, denn wir müssen bei jedem neuen Gerät, das sich in unser WLAN anmelden soll, dieses Prozedere wiederholen.
- **Öffentliches WLAN**
  Einige Anbieter nutzen Kunden-Router, um mit deren Hilfe ein engmaschiges öffentliches WLAN anzubieten. Das muss uns nicht unbedingt stören, wenn wir tatsächlich nicht für das Verhalten von Dritten in diesem WLAN haften und eine saubere Trennung zu unserem privaten WLAN gewährleistet ist [unit1]. Falls wir uns mit dieser Konstruktion unwohl fühlen, sollten wir diese Funktion deaktivieren.

Eine elegante und komfortable Möglichkeit, einige Sicherheits-Einstellungen unseres Routers zu kontrollieren, bietet eine Testseite des heise-Verlags in Kooperation mit dem Landesbeauftragten für den Datenschutz in Niedersachsen:

→ `https://www.heise.de/security/dienste/Netzwerkcheck-2114.html`
(aufgerufen am 27.12.2017)

3.6.2 Öffentliches WLAN

▶ *Im fremden Netz …*

Wenn wir ein öffentliches WLAN nutzen, dann ist die entscheidende Frage: Gehen wir mit unserem eigenen Gerät ins WLAN oder nutzen wir – beispielsweise in einem Internet-Café – die dort zur Verfügung gestellten Rechner?

Fremdgeräte
Falls wir Fremdgeräte nutzen, ist höchste Vorsicht geboten: Wir haben keinerlei Kontrolle darüber, welche Software auf diesen Geräten installiert ist, jede Eingabe könnte mitgeschnitten werden.

In einer solchen Umgebung sollten wir nur im klassischen Sinne surfen, aber nirgends persönliche Daten eingeben. Insbesondere sollten wir uns nirgends mit einem Kennwort anmelden.

Sollte es doch einmal unvermeidbar sein, sich im Internet-Café mit einem Passwort anzumelden – beispielsweise um E-Mails zu lesen – dann sollten wir bei nächster Gelegenheit das genutzte Passwort ändern. Hochsensible Vorgänge wir etwa Internetbanking sollten tabu sein.

Eigenes Gerät
Wenn wir mit dem eigenen Rechner im fremden WLAN unterwegs sind, dann sollten nur verschlüsselte Verbindungen genutzt werden. Diese sind im Browser einfach zu erkennen, in der Adresszeile steht „https", meist zusätzlich durch ein Schloss visualisiert:

```
https://www.…
```

Sensible Seiten wie etwa E-Mail-Anbieter, Auktions- und Einkaufs-Plattformen und insbesondere Banken bieten Zugänge per HTTPS an bzw. lassen gar keine anderen Zugänge mehr zu. Bei einer solchen Verbindung kann zwar auch der Anbieter des öffentlichen WLAN nicht ohne Weiteres unseren Datenverkehr mitlesen – wenn möglich nutzen wir hierfür trotzdem unser eigenes WLAN zu Hause.

Die Nutzung einer HTTPS-Verbindung ist auch in Abschn. 3.10.8 beschrieben.

Falls wir unbedingt über unverschlüsselte Verbindungen (gekennzeichnet durch HTTP statt HTTPS) sensible Informationen übertragen möchten, hilft uns ein verschlüsseltes virtuelles Privates Netzwerk (VPN). Das ist aber mit Konfigurationsaufwand, Performance-Einbußen und gegebenenfalls Kosten verbunden und in der Regel nicht erforderlich, da die meisten relevanten Seiten mittlerweile einen HTTPS-Zugang anbieten.

3.7 Verschlüsselung und Synchronisation von Cloud-Daten

▶ *Beklaut in der Cloud?*

Wenn wir Dienste wie beispielsweise Cloud-Speicher nutzen, dann arbeiten wir lokal auf unserem Endgerät. Die Daten werden entweder direkt in der Cloud gespeichert oder lokal auf unserem Gerät abgelegt und dann über die Cloud abgeglichen, wie in Abb. 3.7 dargestellt.

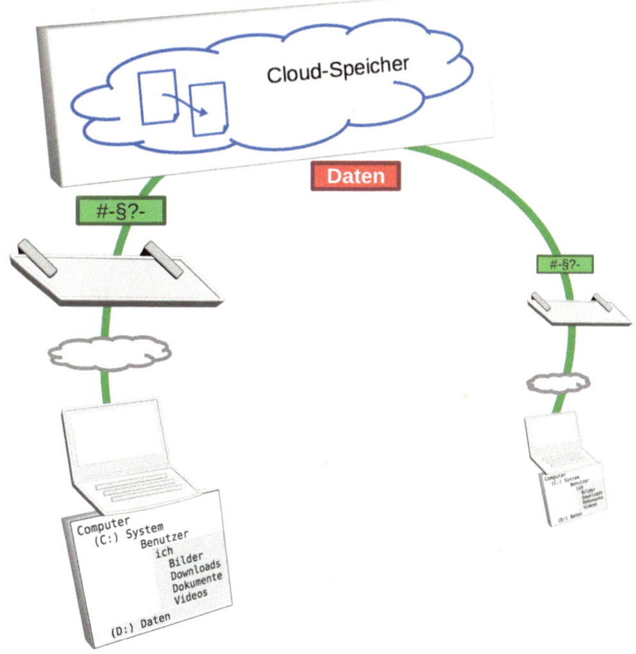

Abb. 3.7 Daten werden über einen Cloud-Dienst synchronisiert

Der offensichtliche Vorteil dieser Strategie liegt darin, dass die Daten auf mehreren Geräten synchron gehalten werden: Wir können am Desktop-Rechner die Arbeit fortsetzen, die wir am Notebook begonnen haben, ohne manuelle Kopier-Aktionen.

Der Transport der Daten geschieht heute über eine verschlüsselte Verbindung, das sollte selbstverständlich sein und wird von führenden Anbietern angeboten. Die Anbieter selbst haben jedoch in dieser Konfiguration noch Zugriff auf unsere Daten.

Ob wir hierin ein Problem sehen, müssen wir selbst entscheiden: Meist installieren wir ohnehin Anbieter-Software direkt auf unserem Gerät, um überhaupt die Synchronisation zu erledigen. Wir bringen dem Anbieter also ein *gewisses* Maß an Vertrauen entgegen.

Die Software, die wir bei uns installieren, kann immerhin noch von Fachleuten analysiert werden – das schafft Vertrauen. Was der Anbieter jedoch auf seinen Rechnern mit Daten tut, die wir dort unverschlüsselt ablegen, ist ungleich schwieriger zu kontrollieren: Wir vertrauen dem Anbieter also fast blind, wenn wir ihm unverschlüsselte Daten geben.

3.7.1 Ende-zu-Ende-Verschlüsselung

▶ *Vom Anfang bis zum bitteren Ende …*

Am sichersten sind wir, wenn die Daten *vor* der Synchronisation verschlüsselt werden wie in Abb. 3.8 dargestellt. In der Cloud liegt dann nur unleserlicher Datensalat, mit dem auch unser eigener Anbieter nichts anfangen kann.

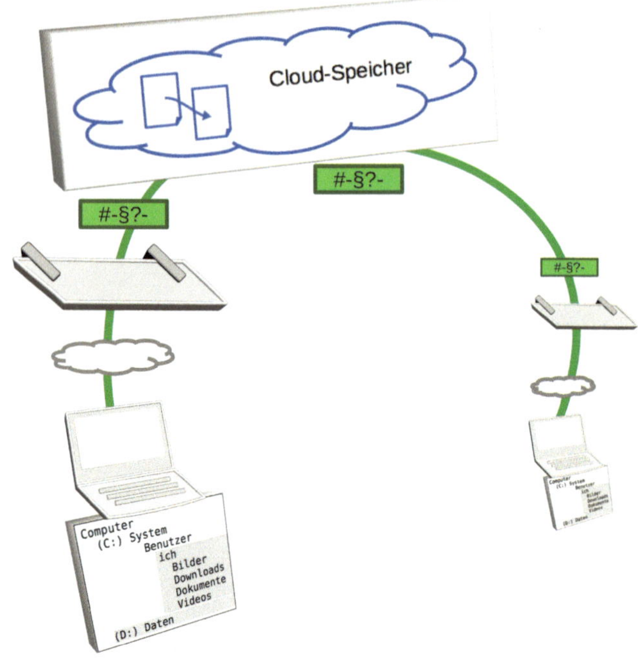

Abb. 3.8 Ende-zu-Ende verschlüsselter Cloud-Speicher

Dabei gehen wir natürlich davon aus, dass der Anbieter uns nicht hintergeht – theoretisch könnte die auf unserem Gerät lokal installierte Synchronisations-Software die Daten *vor* der Verschlüsselung abgreifen. Dies würde aber vermutlich nicht allzu lange unentdeckt bleiben und würde für den Anbieter wohl sehr unangenehme Presse – oder härtere Konsequenzen – bedeuten.

GMX und WEB.DE als große Anbieter in Deutschland bieten beispielsweise einen solchen verschlüsselten Cloud-Speicher an, bisher allerdings nur für Windows, Android und iOS.

→ `https://www.gmx.net/produkte/mediacenter/cloud-verschluesselung/`
→ `https://produkte.web.de/online-speicher/cloud-verschluesselung/`
(aufgerufen am 27.12.2017)

Zur tatsächlichen Verschlüsselung der Daten wird dabei die quelloffene Software Cryptomator [gwcr1] eingesetzt.

→ `https://cryptomator.org/de/`
Hier ist der Hersteller-Link angegeben, die App laden wir am komfortabelsten über den AppStore.
(aufgerufen am 27.12.2017)

3.7.2 Containerbasierte Verschlüsselung

▶ *Ich kann's auch selbst …*

Wenn wir einen Dienst nutzen möchten, der von sich aus *keine* Ende-zu-Ende-Verschlüsselung in der Synchronisations-Software anbietet, müssen wir trotzdem nicht auf Sicherheit verzichten:

Wir haben in Abschn. 3.5.2 bereits gesehen, dass wir unsere lokalen Daten recht komfortabel in Dateicontainern ablegen können, mit Werkzeugen wie beispielsweise VeraCrypt:

→ `https://www.veracrypt.fr/en/Home.html`
(aufgerufen am 27.12.2017)

Genau diese Vorgehensweise können wir auch nutzen, um Daten zu verschlüsseln, die wir in der Cloud ablegen. Das Prinzip sehen wir in Abb. 3.9.

Die Synchronisation seitens des Cloud-Anbieters verschlüsselt lediglich den Transport, die Inhalte liegen unverschlüsselt beim Anbieter. „Unverschlüsselt" bedeutet in diesem Zusammenhang „nicht durch die Synchronisations-Software verschlüsselt".

Unsere Containerdatei wurde jedoch bereits *vor* der Synchronisation separat verschlüsselt, mit ihr kann unser Anbieter nichts anfangen.

Dieser Ansatz ist jedoch nicht immer praktikabel:

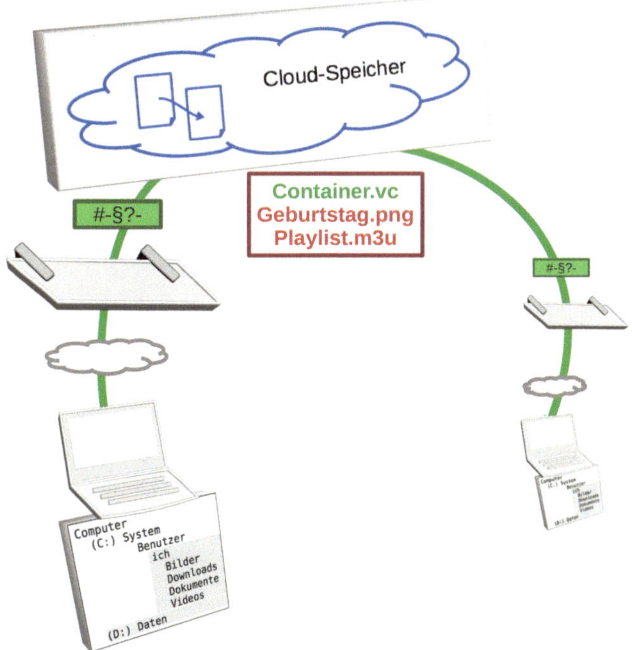

Abb. 3.9 Verschlüsselter Container in unverschlüsseltem Cloud-Speicher

Wir gehen hier davon aus, dass die Synchronisation schlau genug ist, um nur veränderte Blöcke einer großen Datei zu übertragen. Wenn jede Änderung in einer großen Containerdatei zur neu-Synchronisation des gesamten Containers führen würde, wäre dieses Vorgehen viel zu langsam – die erstmalige Synchronisation des Containers dauert schon lange genug.

Einige professionelle Cloud-Anbieter erfüllen diese Anforderung mittlerweile. Es kann jedoch passieren, dass über derart tief gehende technische Details gar keine Auskunft erteilt wird, wir können das aber problemlos selbst testen:

Nachdem wir mühsam einen großen Container synchronisiert haben, binden wir ihn als Laufwerk ein, ändern eine Kleinigkeit und sehen, was passiert:

Wenn die Synchronisation zügig abgeschlossen ist, wurden offenbar nur die Änderungen ausgetauscht. Andernfalls ist dieser Weg nicht praktikabel.

3.7.3 Dateibasierte Verschlüsselung

▶ *Was sein muss, muss sein!*

Spätestens wenn wir nicht nur zwischen „vollwertigen" Rechnern, sondern auch mit Mobilgeräten synchronisieren möchten, scheitert die containerbasierte Verschlüsselung häufig; VeraCrypt beispielsweise ist nicht für Android oder iOS verfügbar und das gesamte Konzept des Einbindens eines zusätzlichen Laufwerks ist auf mobilen Betriebssystemen eher fremdartig.

In diesem Fall bietet es sich an, Dateien einzeln zu verschlüsseln. Ein Werkzeug hierzu ist beispielsweise BoxCryptor, das in einer abgespeckten kostenlosen und in einer kostenpflichtigen Version verfügbar ist. Eine quelloffene Alternative zu BoxCryptor ist Cryptomator.

→ `https://cryptomator.org/de/`
→ `https://www.boxcryptor.com/de/`
Hier ist der Hersteller-Link angegeben, die App laden wir am komfortabelsten über den AppStore.
(aufgerufen am 27.12.2017)

Wir betrachten nun in Abb. 3.10 die Konstellation, dass wir mit Hilfe von BoxCryptor Daten in einem Dropbox-Account verschlüsseln: Wenn wir uns die Dateien in der BoxCryptor-App ansehen, dann zeigt lediglich ein kleines Schloss an, welche Dateien verschlüsselt sind und welche nicht. Die Dateien können normal verwendet werden – so soll es sein. Wenn wir uns das gleiche Verzeichnis direkt in der Dropbox-App ansehen, also in der Struktur, die letztlich synchronisiert wird, dann sehen wir, was BoxCryptor getan hat:

Abb. 3.10 Dateiansicht in BoxCryptor und in Dropbox

Die Namen verschlüsselter Dateien wurden um die Kennung „.bc“ ergänzt, sie können von Dropbox nicht gelesen werden – natürlich ändert eine plumpe Entfernung des „.bc“-Zusatzes nichts daran.

3.8 Verschlüsselung externer Datenträger

▶ *Auf Reisen …*

Auch wenn die Datenhaltung in der Cloud die Zukunft ist, so haben wir doch noch viele Daten lokal auf unseren Geräten liegen oder speichern sie auf externen Datenträgern – als Backup oder zum Transport.

Insbesondere falls wir mit unseren Daten tatsächlich auf Reisen gehen, sollten wir bedenken: In einigen Ländern müssen wir damit rechnen, dass bei der Einreise ein Blick auf unsere Daten geworfen wird.

3.8.1 USB-Datenträger

▶ *Klein aber oho …*

USB-Datenträger – sei es ein kleiner USB-Stick oder eine ausgewachsene Festplatte – sind mobil und sollten daher verschlüsselt sein.

Die Daten auf einem USB-Datenträger können wir in ähnlicher Weise verschlüsseln wie lokale Daten, das haben wir in Abschn. 3.5 gesehen. Es bieten sich verschlüsselte ZIP-Dateien oder eine containerbasierte Verschlüsselung an.

Zusätzlich können wir den gesamten Datenträger verschlüsseln, ähnlich der Geräteverschlüsselung. VeraCrypt bietet diese Option:

→ `https://www.veracrypt.fr/en/Home.html`
(aufgerufen am 27.12.2017)

Bei dieser Variante müssen wir jedoch vorsichtig sein:

Wir haben nun keinen USB-Stick mehr, der über ein normales Dateisystem verfügt, in dem dann verschlüsselte Dateien liegen.

Vielmehr ist das Dateisystem selbst verschlüsselt. Solange wir den USB-Stick nicht mit VeraCrypt eingebunden haben, kann das Betriebssystem nichts damit anfangen und wird prompt vorschlagen, den Stick zu formatieren.

Positiv ist, dass dieser USB-Stick plattform-neutral auf verschiedenen Systemen eingesetzt werden kann. Wenn wir auf Plattform-Neutralität verzichten können, dann empfiehlt sich hier der Einsatz von Bordmitteln – falls vorhanden.

Unter macOS können wir einen USB-Datenträger auch mit Hilfe des Festplatten-Dienstprogramms verschlüsseln. Hier stehen jedoch nur die Apple-eigenen Dateisysteme zur Verfügung.

Falls wir Windows in einer Pro- oder Enterprise-Version nutzen, können wir die Bitlocker-Festplattenverschlüsselung auch mit „BitLocker To Go“ auf Wechseldatenträger anwenden.

Hardwareverschlüsselte Wechseldatenträger

Eine Alternative zur softwareseitigen Verschlüsselung besteht darin, einen hardwareverschlüsselten Speicher zu verwenden. Es gibt hier verschiedene Produkte, beispielsweise muss man eine PIN per Tastatur am Gerät eingeben.

Wenn wir ein solches Gerät einsetzen möchten, sind je nach Produkt einige Fragen zu klären, beispielsweise:

- Muss trotz Hardware-Verschlüsselung noch zusätzliche Software installiert werden? Existiert diese überhaupt für unser System?
- Ist der Datenträger bei Bedarf auch bootfähig?
- Wie ist die Schreib-/Lesegeschwindigkeit?
- Wurde die Verschlüsselung gut umgesetzt? Wurde das Gerät getestet?

Die Mühe können wir uns in der Regel jedoch sparen: Die Geräte sind meist zu teuer für den Einsatz im privaten Bereich.

3.8.2 Netzwerk-Speicher

Was meins ist, ist meins!

Gängige Netzwerk-Speicher („Network attached Storage“, NAS) sind vollwertige kleine Computer, auf denen in der Regel ein Linux-System läuft. Meist wird eine vollwertige Benutzerverwaltung angeboten, oft einschließlich der Option, die Benutzerdaten zu verschlüsseln.

Zu beachten ist, dass diese Verschlüsselung teilweise bereits beim Konfigurieren des NAS aktiviert werden muss. Eine nachträgliche Verschlüsselung funktioniert oft nur unter Löschung der bereits vorhandenen Daten.

3.9 Vertrauliche Kommunikation

Nicht weitersagen!

Vertraulich zu kommunizieren ist ein Grundbedürfnis – zumindest die Möglichkeit dazu. Das klassische Telefon und die SMS wurden nicht dafür konzipiert, abhörsicher zu sein – trotzdem kann nicht jeder Laie unsere Telefonate abhören und SMS mitlesen. Insbesondere wir selbst haben kaum Einfluss auf die Abhörsicherheit unserer Telefon-Verbindung oder SMS.

Daher befassen wir uns im Folgenden mit der E-Mail und Messenger-Diensten; hier haben wir mindestens die Anbieter-Auswahl, meist sogar einige interessante Konfigurations-Möglichkeiten.

3.9.1 E-Mail

Eine E-Mail ist eine Postkarte ist eine Postkarte ist eine Postkarte?

Die E-Mail dürfte nach wie vor der bedeutendste elektronische Kommunikationsweg sein, insbesondere im Geschäftsleben. Vertrauliche Kommunikation hat hier also einen entsprechenden Stellenwert und dementsprechend unwohl fühlen wir uns beim Gedanken an eine Postkarte. Erschwerend kommt hinzu, dass die beteiligten Partner ihr E-Mail-Konto bei unterschiedlichen Anbietern haben können.

Leider ist die E-Mail auch ein Haupteinfallstor für Schadsoftware. Über Phishing-E-Mails wird versucht, uns auf imitierte Web-Seiten zu locken, so dass wir dort unsere Zugangsdaten für einen Dienst eingeben, die danach mit hoher Wahrscheinlichkeit missbraucht werden.

Es lohnt sich also, sich ausführliche Gedanken zum Umgang mit E-Mails zu machen.

Zunächst sollten wir unser E-Mail-Programm konfigurieren:

- **Updates**
  Mindestens sicherheitsrelevante Updates sollten automatisch eingespielt werden.
- **Passwörter**
  Wir erlauben die komfortable Speicherung von Login-Daten und Passwörtern zu unserem E-Mail-Accounts nur, wenn diese selbst mit einem Master-Passwort gesichert ist – etwa bei Thunderbird. Dieses Master-Passwort müssen wir uns merken, daran führt kein sinnvoller Weg vorbei.
- **Skripte**
  Wir haben keinen Einfluss darauf, wer uns eine E-Mail schickt und welchen Inhalt diese hat. Dementsprechend ist es obligatorisch, Skripte in E-Mails grundsätzlich zu verbieten – ein E-Mail-Client, der uns das nicht gestattet, sollte nicht genutzt werden. In Thunderbird sind Skripte standardmäßig deaktiviert.
- **Verschlüsselung**
  Wir aktivieren die Verschlüsselung der Übertragung, indem wir SSL/TLS in den Konten-Einstellungen wählen.

Eine elegante Möglichkeit, die Sicherheits-Einstellungen unseres E-Mail-Clients zu kontrollieren, bietet eine Testseite des heise-Verlags:

→ `https://www.heise.de/security/dienste/Emailcheck-2109.html`
(aufgerufen am 27.12.2017)

Wir sollten hier jedoch unbedingt die Sicherheitshinweise beachten:

→ `https://www.heise.de/security/dienste/Risiken-und-Nebenwirkungen-472932.html`
(aufgerufen am 27.12.2017)

Insbesondere falls wir uns eine Test-E-Mail zusenden lassen, die einen Test-Virus enthält, sollten wir vorsichtig sein: Der Test-Virus selbst sollte zwar keinen Schaden anrichten, falls unser Virenscanner aber – wie gewünscht – anschlägt und die betroffene Datei kommentarlos löscht, könnten wir unsere E-Mails verlieren.

Nachdem wir unseren E-Mail-Client eingerichtet haben, überlegen wir uns, wie wir nun vertraulich kommunizieren können.

In Abb. 3.11 ist der übliche Weg einer E-Mail dargestellt. Traditionell ist hier von Verschlüsselung keine Rede. Nicht nur alle beteiligten Provider können E-Mails mitlesen, auch auf der Leitung kann jede E-Mail eingesehen und gegebenenfalls sogar manipuliert werden. Eine Postkarte eben.

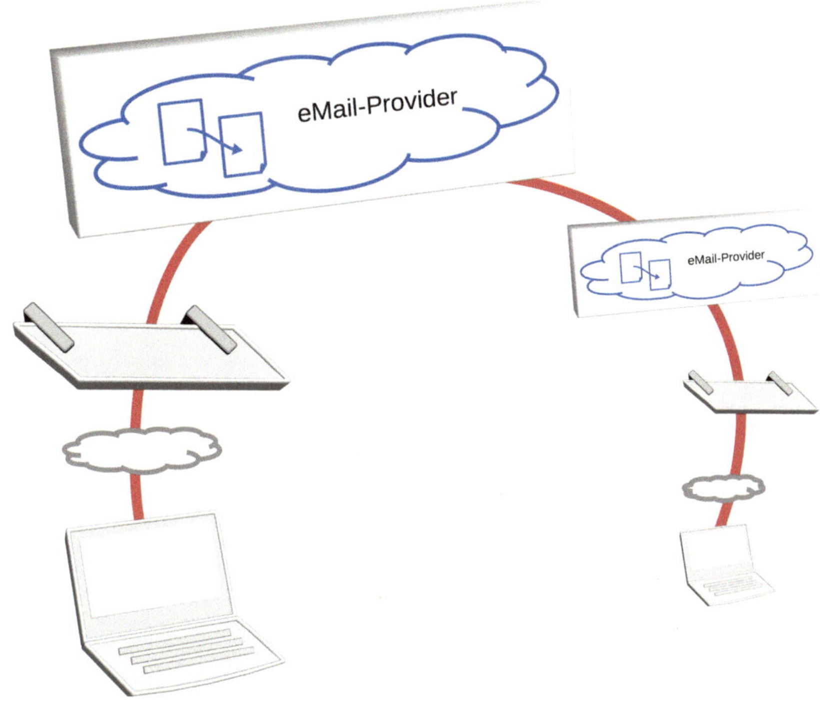

Abb. 3.11 Der Weg einer E-Mail

Transportverschlüsslung und MiG

Eine E-Mail muss keine Postkarte sein. Es ist ohne Weiteres möglich, den Transport zwischen dem Endgerät des Anwenders und dem E-Mail-Provider zu verschlüsseln, dazu muss im E-Mail-Programm lediglich SSL/TLS für Abruf und Versand von Nachrichten eingestellt werden. Auch die E-Mail-Provider können untereinander verschlüsselt kommunizieren – wenn sie nur wollen.

Konsequent umgesetzt führt das zu einer durchgängigen Transportverschlüsselung, wie in Abb. 3.12 dargestellt. Im Rahmen der Initiative „E-Mail made in Germany" (EMiG) haben sich einige große E-Mail-Provider genau dazu verpflichtet, außerdem zu einer Verarbeitung der Daten in Deutschland:

→ `https://www.e-mail-made-in-germany.de/`
(aufgerufen am 27.12.2017)

Solange also Absender und Empfänger einen Provider gewählt haben, der Transportverschlüsselung anbietet, wird die Postkarte zu einem Brief, der nur noch vom Provider geöffnet werden kann.

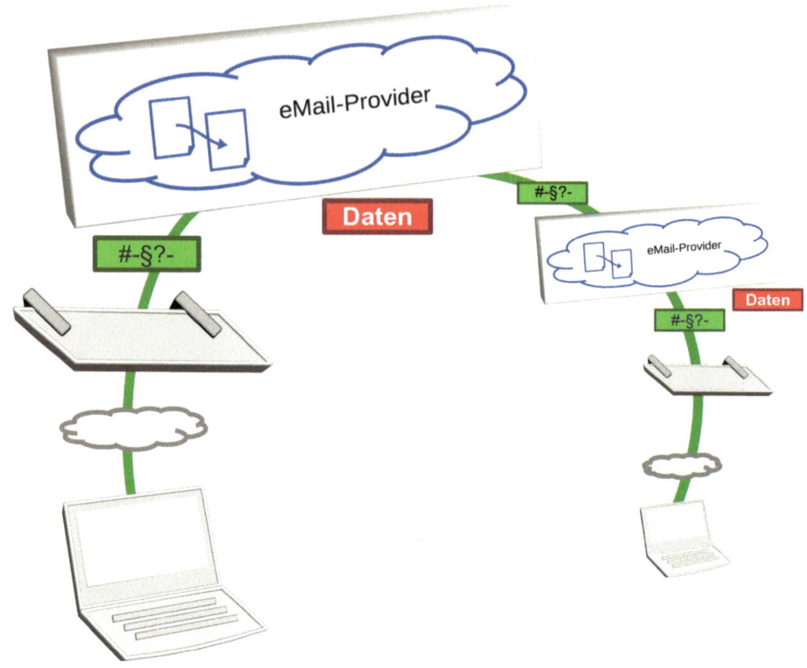

Abb. 3.12 Durchgängige Transportverschlüsselung

Mit beispielsweise GMX, WEB.DE und Freenet sind einige bedeutende E-Mail-Provider EMiG-Mitglied. Das bedeutet aber noch lange nicht, dass wir unbedingt einen EMiG-Anbieter wählen müssen, um von Transportverschlüsselung zu profitieren.

Es gibt auch alternative E-Mail-Anbieter, die sehr großen Wert auf Datenschutz legen und konsequenterweise Transportverschlüsselung bieten, obwohl sie nicht EMiG-Mitglied sind, so etwa Posteo und Mailbox.org:

→ `https://posteo.de/de`
→ `https://mailbox.org/`
(aufgerufen am 7.2.2018)

Entscheidend ist nicht die EMiG-Mitgliedschaft, sondern vielmehr die Unterstützung der Transportverschlüsselung unter Verwendung der Technologien TLS bzw. DANE [post1, morg1].

Verschlüsselte Anhänge und Downloadlink

Trotz idealerweise durchgängiger Transportverschlüsselung bleiben die beteiligen E-Mail-Provider ein Unsicherheitsfaktor, können sie doch unsere Nachrichten mitlesen.

Häufig ist die eigentliche Nachricht gar nicht besonders aufregend, eher schon die Anhänge. In diesem Fall können wir uns auf ganz einfache Weise behelfen:

- Anhänge können in Form verschlüsselter Container verschickt werden. Diese erstellen wir beispielsweise als verschlüsseltes ZIP-Archiv oder als Container, wie wir in Abschn. 3.5.1 und 3.5.2 gesehen haben.
- Um nicht unnötig viele Daten als E-Mail zu versenden, können wir auch bei einem Cloud-Anbieter unseres Vertrauens die Daten hochladen und einen Freigabe-Link erstellen – gegebenenfalls durch ein Zugangspasswort geschützt. Dazu können wir unseren E-Mail-Provider wählen – viele bieten mittlerweile Cloud-Laufwerke mit entsprechender Funktion an. Ebenso gut kann ein beliebiger anderer Cloud-Speicherdienst gewählt werden. Nur diesen Downloadlink versenden wir dann in der E-Mail.

Solange wir nicht allzu oft sensible Daten als E-Mail-Anhang versenden, ist diese Variante ein gangbarer Weg. Eine brauchbare Lösung für häufigen, professionellen Einsatz ist dieses Vorgehen aber nicht, denn die Daten sind *symmetrisch* verschlüsselt, wir müssen also das genutzte Passwort transportieren: Das kann direkt in der E-Mail geschehen, vielleicht verklausuliert wie „Name des Cafés, in dem wir gestern waren". Besser ist es, wir nutzen einen separaten Kanal und geben das Passwort beispielsweise telefonisch weiter.

Ende-zu-Ende-Verschlüsselung

Vertrauen ist gut, Kontrolle ist besser.

Unseren eigenen E-Mail-Anbieter können wir frei wählen, beim Provider unseres Kommunikationspartners ist das nicht der Fall. Wenn wir also auch die beteiligten E-Mail-Provider als Risikofaktoren eliminieren möchten, dann bleibt uns nichts anderes übrig, als unsere E-Mails durchgängig zu verschlüsseln, per Ende-zu-Ende-Verschlüsselung. Die Funktionsweise sehen wir in Abb. 3.13, auch die Provider sehen nur noch verschlüsselten Datensalat.

Hier kommen asymmetrische Verfahren zum Einsatz, wie wir sie in Abschn. 2.2 kennengelernt haben. Mit PGP („Pretty good Privacy") existiert hierfür schon seit langem ein etablierter Standard, mit „Enigmail" existiert eine Erweiterung für den E-Mail-Client Thunderbird.

Das klingt alles sehr gut, interessanterweise schafft es die Ende-zu-Ende-Verschlüsselung von E-Mails aber bisher nicht, sich aus einem Nischen-Dasein zu erheben – trotz intensiver Bemühungen. Die Gründe hierfür sind vielfältig:

- Viele Anwender sehen den Datenschutz nicht kritisch genug, um sich überhaupt mit Ende-zu-Ende verschlüsselten E-Mails zu befassen.
- Die Konfiguration und Installation ist bei weitem noch nicht so einfach und kostengünstig, wie sie sein sollte – insbesondere auf Mobilgeräten. Allein die jeweiligen Anleitungen sind oft erschreckend lang.
- Die Nutzung auf mehreren Geräten, Notebook und Handy beispielsweise, schreit geradezu nach einer Synchronisation des eigenen privaten Schlüssels über einen Cloud-Dienst – ein neuer Risikofaktor.

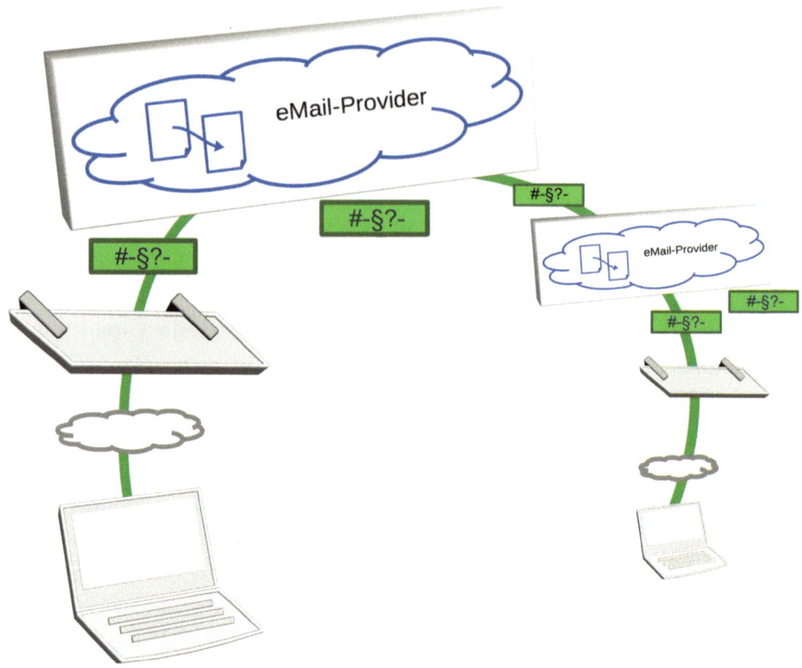

Abb. 3.13 Ende-zu-Ende-Verschlüsselung

Diese Fragen ließen sich prinzipiell auf technischer Ebene lösen – soweit sie das nicht längst sind – und in eine ansprechende und einfach zu bedienende Oberfläche verpacken.

Es bleibt aber noch ein viel grundsätzlicheres Problem bestehen:

Wenn E-Mails Ende-zu-Ende verschlüsselt sind, wenn also auch die E-Mail-Provider den Inhalt nicht lesen können, wie soll dann deren Viren- und Spam-Schutz funktionieren?

Natürlich können die Anbieter bei auffälligen E-Mail- oder IP-Adressen des Absenders warnen, aber diese Funktionalität ist nur ein müder Abklatsch dessen, was die heute sehr leistungsfähigen Spam-Filter und Virenscanner großer E-Mail-Provider leisten – ein Komfort, auf den wir kaum verzichten möchten.

Es ist durchaus bemerkenswert, dass hier der Datenschutz in Form der Ende-zu-Ende-Verschlüsselung nicht in Konkurrenz tritt zu wirtschaftlichen Anbieter-Interessen oder unerwünschten neugierigen Blicken. Vielmehr tritt ein Datenschutzinteresse, die vertrauliche Kommunikation, in Konkurrenz zu einem anderen Datenschutzinteresse, dem bestmöglichen Schutz vor Schäden durch Viren, Phishing etc.

In dieser Zwickmühle befindet sich auch das „De-Mail-Projekt“:

→ `https://www.cio.bund.de/Web/DE/Innovative-Vorhaben/De-Mail/de_mail_node.html`
(aufgerufen am 27.12.2017)

Dieses Projekt war ursprünglich angetreten, um eine sichere Kommunikation insbesondere mit Behörden zu ermöglichen. Völlig unverständlich erscheint auf den ersten Blick, hier keine Ende-zu-Ende-Verschlüsslung zwingend vorzuschreiben, doch genau das ist geschehen. Die Technik wird zwar angeboten, bleibt aber optional [demz1].

So widersinnig dies mit Blick auf die sensiblen Inhalte der Nachrichten erscheinen mag, so nachvollziehbar ist das Argument, eine zwingend vorgeschriebene Verschlüsselung würde den Virenschutz aushebeln.

Was ist eine „verschlüsselte" E-Mail?

Wenn von „E-Mail-Verschlüsselung" die Rede ist, dann ist oft überhaupt nicht klar, was genau gemeint ist:

- Geht es ausschließlich um den verschlüsselten Transport vom Endanwender zum E-Mail-Provider per SSL/TLS? Das sollte heute eine Selbstverständlichkeit sein.
- Geht es um durchgängige Transport-Verschlüsselung wie bei EMiG?
- Geht es um Ende-zu-Ende-Verschlüsselung?

Je nach Situation müssen wir also hinterfragen, was genau gemeint ist, wenn von „E-Mail-Verschlüsselung" die Rede ist.

Weniger ist mehr …

Eine charmante, einfache und fast lustige Alternative zur vergleichsweise schwergewichtigen und sicheren Ende-zu-Ende-Verschlüsselung sind kleine Tools wie „Mnenhy" oder „Leet Key":

→ `https://addons.mozilla.org/de/thunderbird/addon/mnenhy/`
→ `https://addons.mozilla.org/de/thunderbird/addon/leet-key/`
(aufgerufen am 28.12.2017)

Sie stehen beispielsweise als Plug-in für Thunderbird zur Verfügung. Die E-Mail, oder auch nur ein Teil davon, wird einer simplen ROT-Verschlüsselung unterzogen. Eine Umwandlung in Morse-Code oder ähnliche Darstellungen erfüllt den gleichen Zweck.

Es geht nicht um „echte Verschlüsselung"; wir schmeicheln ROT13 bereits, wenn wir darin einen Schutz gegen versehentliches Lesen sehen. Genau das ist aber – neben der Befriedigung unseres Spieltriebes – der Sinn: So unsicher diese Verschlüsselung auch sein mag, die schützt zumindest vor „versehentlichem Lesen" und damit vor automatisiertem Lesen durch den E-Mail-Anbieter – falls er das überhaupt tut. Anhänge können nach wie vor auf Viren untersucht werden.

Ein charmanter Nebeneffekt ist, dass es gar nicht mehr ohne Weiteres möglich ist, automatisiert zu erkennen, dass die E-Mail überhaupt verschlüsselt ist.

Eine ernst zu nehmende Anwendung im Sinn vertraulicher Kommunikation sind solche Werkzeuge aber nicht. Das liegt nicht zuletzt daran, dass die Plattform-Neutralität nicht immer gewahrt ist: Existiert ein kompatibles Werkzeug auch für den E-Mail-Client auf dem Handy? Oder für ein anderes E-Mail-Programm am PC?

Als Low-Effort-Lösung zur Verhinderung automatisierten Mitlesens bei Konversation mit einem bekannten Empfänger, der das gleiche Tool nutzt, sind solche Add-ons aber tatsächlich nutzbar.

Die E-Mail als Einfallstor für Schadsoftware und Phishing

> „100.000 Euro Kredit ohne Schufa – sofort!!!"

Ja, diese E-Mails kennen wir und im Wesentlichen unterscheiden sie sich nur durch die Anzahl der Ausrufezeichen. Wenn wir uns mit der E-Mail beschäftigen, dann ist mit Blick auf den Datenschutz die bisher betrachtete vertrauliche Kommunikation nur ein Thema von mehreren.

Datenschutz bedeutet auch, unsere Daten vor Schadsoftware wie Verschlüsselungstrojanern zu schützen. E-Mails sind leider ein Haupteinfallstor für Schadsoftware [ebad1].

Letztlich müssen unsere Daten auch vor uns selbst geschützt werden: Einmal auf eine Phishing-E-Mail hereingefallen haben wir höchstselbst unsere Zugangsdaten in falsche Hände gegeben.

Der erste Schritt zum Schutz gegen Schadsoftware bestand in der Konfiguration unseres E-Mail-Programms – insbesondere in der Deaktivierung von Skripten.

Trotzdem kennen wir sie alle, die Phishing- und Malware-E-Mails, die sich an den Filtern des E-Mail-Providers vorbeigemogelt und den Weg in unseren Posteingang gefunden haben. Das Ziel ist oft das Gleiche, wir sollen zu unüberlegten Klicks verleitet werden. Die Masche ist dabei meist eine Ähnliche.

Zuerst wird Stress erzeugt.
Da wird auf Zahlungsrückstände hingewiesen, als Absender wird eine Behörde genannt, es wird mit Kontensperrung gedroht, mit Strafzahlungen, Gerichtsverfahren – die Liste ist lang. Manchmal genügt auch der Appell an unsere Neugier.

Hin und wieder sind die Geschichten, die uns hier aufgetischt werden, völlig absurd und wirken eher wie ein C-Movie-Drehbuch, das spät nachts auf einem Bierdeckel entstanden ist. Ihr Ziel erreichen diese Nachrichten interessanterweise trotzdem:

Wir werden nervös, … bekommen Angst, … sind neugierig, … und … klicken.

Diese Klicks können dann unterschiedliche Konsequenzen haben:

- Im einfachsten Fall bestätigen wir durch den Klick auf einen Link in der E-Mail lediglich „Ja, ich lese E-Mails, die an diese Adresse geschickt werden."

  Übersetzt bedeutet das: „Lieber Spammer, es lohnt sich, an diese Adresse Spam zu schicken. Ich lese diesen Müll."

  Dadurch allein entsteht zwar noch kein direkter Schaden, wir dürfen aber davon ausgehen: Spam, auf den wir reagieren, zieht mehr Spam nach sich.

Oft enthalten Spam-E-Mails, die als Info- oder Newsletter-E-Mail getarnt sind, auch einen Hinweis der Form „Klicken Sie hier, wenn Sie keine E-Mails mehr erhalten wollen.“ Der Effekt wäre meist der gegenteilige: Durch den geforderten Klick machen wir unsere E-Mail-Adresse überhaupt erst interessant.

- Wir können durch einen Klick auf einen Link in der E-Mail auch auf einer Seite landen, in der persönliche Zugangsdaten abgefangen werden – für späteren Missbrauch. Das wäre eine klassische Phishing-E-Mail.
- Wir können durch Folgen eines Links auch auf einer Seite landen, die unseren Rechner mit Schadsoftware infizieren will, vom Erpressungstrojaner bis zum Keylogger, die Liste an Kandidaten ist lang.
- Unbedachtes Öffnen eines Anhangs in der E-Mail kann unseren Rechner direkt mit Malware infizieren.

Die oberste Regel ist also: **Ruhe bewahren.**

Wie aber lassen sich bösartige E-Mails erkennen? Die automatische Viren- und Spam-Erkennung unseres E-Mail-Providers leistet hier bereits wertvolle Arbeit. Trotzdem treten noch immer beide möglichen Formen von Fehlern auf:

- Harmlose E-Mails werden fälschlich für Spam gehalten.

  Diese Situation kann dann unangenehm werden, wenn wir unser System so konfiguriert haben, dass vermeintliche Spam-E-Mails automatisch gelöscht werden und gar nicht in unserem Posteingang landen. Auf diese Weise könnten wir authentische Nachrichten verpassen. Ob wir dieses Risiko eingehen möchten, bleibt uns selbst überlassen.

  Als Alternative löschen wir Spam-E-Mails nicht direkt, sondern lassen sie nur in einen Ordner „Spam-Verdacht“ verschieben, den wir hin und wieder kontrollieren. Ein anderer Weg ist, die E-Mail ganz normal zustellen zu lassen und lediglich im Betreff als Spam markieren zu lassen.
- Spam-E-Mails werden nicht als solche erkannt.

  In diesem Fall müssen wir selbst aktiv werden und eine bösartige E-Mail als solche erkennen.

Wenn eine E-Mail also die automatische Erkennung ausgetrickst hat, müssen wir uns selbst mit der Frage auseinandersetzen, ob die E-Mail unerwünscht oder eventuell sogar gefährlich ist. Auf welche Kriterien kommt es dabei an?

Dazu möchten wir uns nun im Folgenden einige beispielhafte E-Mails ansehen:

```
Von: ██████ ██████ <wlpxdw@XX.XX>
Betreff: *** Spamverdacht *** Ihre Bestellung wurde storniert
An: <██@██.██>
Kredit bis 100.000,- ohne Schufa
...
```

Dies ist eine Spam-E-Mail, wie sie klassischer kaum sein könnte und sollte von unserem E-Mail-Provider bereits als Spam identifiziert werden – wie im vorliegenden Fall. Es hängt also von unseren persönlichen Einstellungen ab, ob und wann wir diese E-Mail überhaupt zu Gesicht bekommen. Falls ein solches Exemplar doch einmal durchschlüpft, identifizieren wir den Charakter der Nachricht ganz einfach:

- Der reißerische Betreff hat nichts mit dem Inhalt der Nachricht zu tun.
- Der Absendername ist kein Firmenname, sondern eine Privatperson.
- Die Absender-E-Mail-Adresse klingt nach einer zufällig gewürfelten Adresse und stammt von einem Freemailer, hier mit XX.XX angegeben.
- Als Empfänger-E-Mail ist nicht unsere E-Mail-Adresse sichtbar, offenbar ging die E-Mail an zahlreiche Empfänger.

Es ist egal, ob hier nur geprüft wird, ob der Empfänger-E-Mail-Account noch aktiv ist, ob ein Anhang mit Schadsoftware enthalten ist oder ob wir – aus welchem Grund auch immer – auf irgendeine Webseite gelockt werden sollen. Diese E-Mail findet ihren Weg direkt in den Papierkorb.

`Von: Domain Expiration <XX@XX.XX>`
`Betreff: ████████ Domain Expiration`
`An : <█@█.█>`
…
`We have NOT received your payment yet`
…
`We do not register or renew domain names. We sell traffic generator software.`
…
`This is not a bill or an invoice. This is a purchase offer. You are under no obligation to pay the amount stated unless you accept this purchase offer.`
…

Diese E-Mail mit länglichem Text ging an den Inhaber einer Domain, alle Empfängerdaten und die Anrede waren korrekt. Insbesondere wenn eine Domain geschäftlich genutzt wird, schrillen natürlich sämtliche Alarmglocken bei der Aussicht, die Domain könnte eventuell ablaufen oder gesperrt werden – der Betreff legt diese Vermutung nahe. Damit hat diese Nachricht ihr erstes Ziel schon erreicht, denn sie hat unsere Aufmerksamkeit erregt. Bei ruhigem Lesen der E-Mail fällt aber auf:

Der Absender hat überhaupt nichts mit der Verwaltung der Domain zu tun, sondern will uns lediglich ein Angebot machen – ungefragt. Falls wir daran kein Interesse haben, wandert auch diese E-Mail in den Papierkorb – wir werden unsere Domain nicht verlieren.

```
Von: █████ <noreply@█████.de>
Betreff: Wir haben ein Abrechnungsproblem festgestellt
An: <█@█.█>
Sehr geehrter Kunde,
wir haben ein Abrechnungsproblem festgestellt.
Diese Art von Fehlern zeigt normalerweise an, dass Ihre Kreditkarte
abgelaufen ist oder Ihre Rechnungsadresse ist ungültig.
Klicken Sie auf folgenden Link, um Ihre Informationen zu aktualisieren:
https://www.█████.de/apps/CustomerService#/skl
Herzliche Grüße
Kundenbetreuung █████
```

Auch diese E-Mail ging an den Inhaber einer Domain, alle Empfängerdaten waren korrekt. Als Absenderdaten waren ebenfalls korrekte Daten des Hosters angegeben, der die Domain tatsächlich verwaltet. Auch der angegebene Link sieht plausibel aus. Bei genauerem Blick lässt sich die wahre Natur der E-Mail erkennen:

- Fährt man mit der Maus über den angegebenen Link, *ohne* zu klicken, so zeigt der Mouse-Over-Effekt die tatsächlich hinterlegte Adresse, die annavigiert würde, würde man dem Link folgen. Auf einem Mobilgerät sieht man diese Adresse, wenn man den Link nicht antippt, sondern gedrückt hält.
  Diese Adresse hat plötzlich überhaupt nichts mehr mit unserem Hoster zu tun.
- Mit etwas Geduld war festzustellen, dass einige Stunden später eine nahezu identische E-Mail kam, aber mit einer völlig anderen Adresse hinter dem Link. Auch diese Adresse hatte aber nichts mit dem Hoster zu tun.
  Tags darauf kam eine dritte Nachricht, in der die Anrede zwischen „Du“ und „Sie“ wechselt, wieder mit einem neuen Link.

Wir können uns aber nicht darauf verlassen, dass der Absender so ungeschickt ist und mehrere E-Mails versendet. Auch ist es nicht sicher, dass die Adresse hinter einem Link offensichtlicher Unsinn ist.

Derartige E-Mails kommen auch gerne von angeblichen Banken, aber welche Domain hat beispielsweise die Deutsche Bank? deutschebank.de? deutsche-bank.de? my-deutsche-bank.de? meine-deutsche-bank.de? deutsche-bank-online.de? deutche-bank-kundenportal.de? deutsche-bank-privatkunden.de? Oder vielleicht eine andere Top-Level-Domain? .eu? .com? .biz? .bank?

Oder ein Tippfehler vielleicht? Ist Ihnen aufgefallen, dass oben deutche-bank-kundenportal.de stand, statt deutsche-bank-kundenportal.de?

Es gibt so viele Kombinationen, dass es für Kriminelle nicht allzu schwierig ist, irgendeine plausibel klingende Domain zu erwerben – das gilt für fast jedes große Unternehmen.

Wenn wir also unsicher sind, ob die Nachricht authentisch ist oder nicht, dann nehmen wir doch einfach Kontakt auf:

Per Telefon, per E-Mail oder per Webseite? Das spielt keine Rolle, solange wir nur *unter keinen Umständen* Links in der E-Mail folgen oder auf die E-Mail antworten, sondern stattdessen anhand unserer eigenen Bookmarks und unserer eigenen gespeicherten Daten Kontakt aufnehmen.

Wenn es tatsächlich Probleme gibt, dann werden wir nach einem ganz regulären Login sicherlich darauf hingewiesen. Dazu genügt eine normale Anmeldung über den üblichen Link, den wir immer verwenden. Es kann kaum erforderlich sein, genau den Link der E-Mail zu nutzen.

Von: RA ███ - Kanzlei ███ <XX@XX.XX>
Betreff: Urheberrechtsverletzung gegen ███ ███ 12.07.2014
An: ███ ███ <██@██.██>

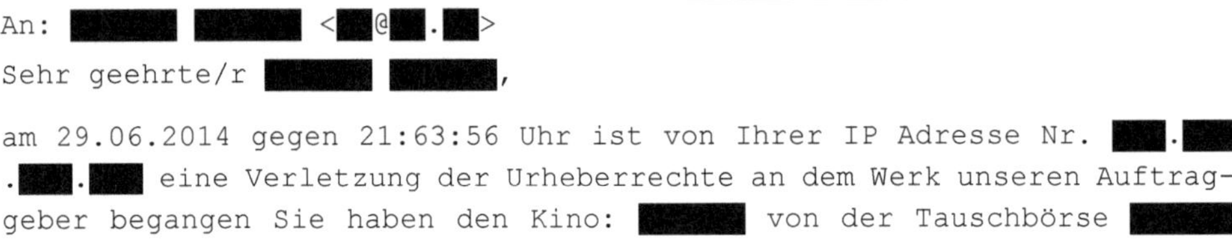

Sehr geehrte/r ███ ███,

am 29.06.2014 gegen 21:63:56 Uhr ist von Ihrer IP Adresse Nr. ███.███.███.███ eine Verletzung der Urheberrechte an dem Werk unseren Auftraggeber begangen Sie haben den Kino: ███ von der Tauschbörse ███ Porn███, geladen.

Aufgrund des § 53 des UrhG sind wir in der Lage, jedes Anlegen einer privaten Kopie durch eine Anzeige zu bestrafen. In Beilage finden Sie die Online-Anzeige und den Tatnachweis.

Durch Art. 1 Nr. 2 des „Fünften Gesetzes zur Änderung des Urheberrechts" vom 10. November 2006 wurde diese Regelung zunächst bis zum 31. Dezember 2008 verlängert, durch Artikel 1 des „Sechsten Gesetzes zur Änderung des Urheberrechts" vom 7. Dezember 2008 (BGBl. I 2008 S. 2349) bis zum 31. Dezember 2012 und durch Wirkung des „Siebenten Gesetzes zur Änderung des Urheberrechtsgesetzes" vom 14.12.2012 schlussendlich bis zum 31. Dezember 2014 (§ 137k).

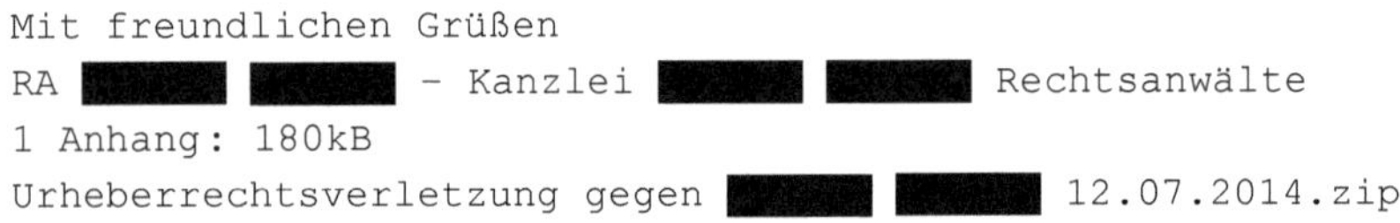

Mit freundlichen Grüßen
RA ███ ███ - Kanzlei ███ ███ Rechtsanwälte
1 Anhang: 180kB
Urheberrechtsverletzung gegen ███ ███ 12.07.2014.zip

Die Strategie des Absenders ist ganz klar; wir können sie aber wieder nur erkennen, wenn wir Ruhe bewahren.

- Die Angaben an den geschwärzten Stellen klingen plausibel, insbesondere die Angaben über den Empfänger der E-Mail waren ausnahmslos korrekt.
- Ob die folgende juristische Drohkulisse Hand und Fuß hat oder frei erfunden ist? Das können wir als Laie zunächst kaum beurteilen.

In diesem Moment sind wir schon einigermaßen beunruhigt. Sollen wir mit einem Anwalt Kontakt aufnehmen und erklären, dass wir das genannte Kunstwerk nicht geladen haben? Bei genauerem Lesen erkennen wir aber:

- Der erste Satz der E-Mail ist kein korrektes Deutsch und klingt arg holprig.
  Das macht uns stutzig, ist aber kein allzu starkes Kriterium: Auch falls die E-Mail tatsächlich von einem Anwalt gekommen wäre, wären solche Formulierungen nicht ausgeschlossen. Fehler und Unachtsamkeiten kommen vor, auch wenn sie hier ziemlich drastisch sind.
- Die Uhrzeit 21:63:56 ist einigermaßen amüsant, der Mathematiker würde wohl fragen: „Warum sagt Ihr nicht 22:03:56 dazu?"
  Auch das ist aber noch kein starkes Kriterium, schließlich könnte es sich um einen Tippfehler handeln.
- Falls wir die Protokolle unseres Routers archivieren, haben wir gute Chancen, die angegebene IP-Adresse zu prüfen.

Wirklich weiter kommen wir wieder erst, wenn wir einer Strategie folgen, die sich bei verdächtigen E-Mails grundsätzlich empfiehlt: Wir prüfen die Angaben in der E-Mail, selbstverständlich *ohne* eventuell in der E-Mail angegebenen Links zu folgen, sondern durch eigenständige Internetrecherche. Dabei kommen wir endlich ans Ziel:

- Die genannte Anwaltskanzlei existiert tatsächlich, ein Anwalt mit dem angegebenen Namen arbeitet tatsächlich dort.
- Die Absender-E-Mail-Adresse, hier als XX@XX.XX angegeben, entspricht aber in keinster Weise der tatsächlichen E-Mail-Adresse der genannten Anwaltskanzlei, die wir im Internet sofort finden. Weder die Domain noch die Top-Level-Domain sind korrekt.
  Hier haben wir endlich ein hartes Kriterium dafür, dass diese E-Mail nicht authentisch ist.
- Bei der Internetrecherche haben wir dann noch etwas Glück: Die genannte Kanzlei hat tatsächlich nichts mit der E-Mail zu tun. Offenbar gab es dort zahlreiche Rückfragen wegen ähnlicher E-Mails. Dankenswerterweise wurde deswegen auf der Homepage der Kanzlei ein sehr deutlicher Warnhinweis platziert mit der Aufforderung, den Anhang nicht zu öffnen und die E-Mail zu löschen.
  Damit ist das Thema endgültig erledigt.

Die pure Neugier trieb den Empfänger dieser E-Mail zu einem weiteren Schritt, der nur mit größter Vorsicht durchzuführen ist:

Der E-Mail-Anhang wurde nicht geöffnet, sondern auf einem USB-Stick gespeichert. Dann wurde er auf einen Rechner transportiert, auf dem ein weniger verbreitetes Betriebssystem installiert war. In diesem Fall handelt es sich um eine Unix-Variante; der Rechner lief in einer virtuellen Maschine. Sollte sich also im Anhang tatsächlich Schadsoftware befinden, dann wäre die Wahrscheinlichkeit relativ gering, dass diese auf einem vergleichsweise exotischen Betriebssystem Schaden anrichten kann. Falls doch, so könnte man die virtuelle Maschine auf den letzten Schnappschuss zurücksetzen – es würde kein weiterer Schaden entstehen.

Nun wurde der Anhang genauer untersucht:

- In der angehängten ZIP-Datei befand sich eine weitere ZIP-Datei.
- In dieser ZIP-Datei wiederum fand sich eine Datei `XX.pdf.exe`.

Das doppelte ZIP-Archiv sollte offenbar den Virenscanner austricksen, die .exe-Datei sieht nach einem harmlosen PDF-Dokument aus, wenn wir bekannte Dateiendungen ausblenden, was leider eine übliche Voreinstellung ist. Bei einem Doppelklick in einem Windows-System hätte sich das Schadprogramm gestartet – mit ungeahnten Konsequenzen. Gefahr geht aber nicht nur von .exe-Dateien aus, auch echte PDF-Dateien können ein Risiko darstellen [epdf1].

Zusammenfassend haben wir also einige Anhaltspunkte, um bösartige E-Mails zu erkennen:

- **Sprache**
  Manchmal erkennt man schlechte Formulierungen, eine holprige Sprache, grobe Grammatik- und Rechtschreibfehler oder schlicht einen vollkommen unangemessenen Umgangston.
  Das muss aber nicht so sein, gut gemachte Spam- und Phishing-E-Mails lassen sich heute kaum von authentischen Nachrichten unterscheiden, die auch nicht immer perfekt formuliert sind.
- **Adresse**
  Manchmal ist die Absender-Adresse offensichtlich unsinnig und hat nichts mit dem angeblichen Absender zu tun.
  Auch das kann so sein, muss aber nicht. Hauptsächlich bösartige E-Mails aus der Profi-Liga kommen von plausiblen Adressen, der Absender einer E-Mail lässt sich außerdem sehr überzeugend fälschen.
  Viel Spam wird aber nach wie vor von Adressen versandt, die offensichtlich unsinnig sind. Insbesondere wenn der Absender eine Adresse eines Freemail-Anbieters nutzt, sollten wir uns fragen: Welches Unternehmen nutzt eine solche Adresse? Dafür kommen meistens kleine Betriebe in Frage. Die meisten größeren Unternehmen haben ihre eigene Domain.
- **Links**
  Manchmal sind die Links in der E-Mail offensichtlich unsinnig und haben nichts mit dem angeblichen Absender zu tun.
  Das lässt sich mit dem Mouse-Over-Effekt bzw. mit gedrückt gehaltenem Link erkennen. Auch hier kommen aber immer wieder E-Mails vor, deren Links plausibel scheinen.
- **Anhänge**
  Manchmal ist die eigentliche E-Mail wenig aussagekräftig und wir sollen durch Drohung oder geweckte Neugierde einen Anhang öffnen, nur um überhaupt zu erfahren, worum genau es eigentlich geht. In diesem Fall sollten wir besonders vorsichtig sein,

egal ob die „Unterlagen“ als E-Mail-Anhang oder in Form eines Downloadlinks übermittelt werden. Insbesondere bei extern verlinkten Dateien kann gegebenenfalls nicht einmal der Virenscanner des E-Mail-Anbieters die Daten untersucht haben.

- **Inhalt**
  Letztlich bleibt nur, die E-Mail auf inhaltliche Fehler hin zu untersuchen. Viele Banken weisen mittlerweile explizit darauf hin, dass per E-Mail keine persönlichen Daten oder PINs abgefragt werden.
  Was für Banken gilt, sollte für jeden seriösen Anbieter gelten.

Die E-Mail *inhaltlich* zu hinterfragen ist also entscheidend. Die professionellste Aufmachung kann nicht über inhaltliche Ungereimtheiten hinweg täuschen:

- War die E-Mail an die E-Mail-Adresse gerichtet, die wir beim jeweiligen Account hinterlegt haben? Schon aus Gründen der Übersichtlichkeit bietet es sich an, mehrere E-Mail-Adressen für verschiedene Zwecke zu unterhalten.
- Wenn Probleme mit einer Bezahlung erwähnt werden, beispielsweise mit einer Kreditkarte, dann sollten wir überlegen, ob wir beim jeweiligen Dienst das angegebene Zahlungsmittel überhaupt verwenden.
- Wenn eine Behörde oder ein Unternehmen mit welcher Begründung auch immer eine Zahlung einfordert, ist es dann glaubwürdig, dass diese in Form von Bitcoin, Telefon-Guthabenkarten oder Einkaufsgutscheinen erfolgen soll?
  Hier versucht ganz offenbar jemand, Zahlungen auf nicht nachverfolgbaren Wegen zu vereinnahmen – das hat keine Behörde und kein seriöses Unternehmen nötig.
  So ist beispielsweise die bloße Vorstellung völlig abwegig, ein angebliches Strafverfahren ließe sich gegen Zahlung einer Geldbuße einstellen, die in Form von Telefon-Prepaid-Guthaben-Codes an eine E-Mail-Adresse geschickt werden sollen.

Bösartige Dateianhänge werden idealerweise bereits vom Virenschutz des E-Mail-Anbieters oder unserem eigenen Virenscanner erkannt. Trotzdem sollten Anhänge keinesfalls direkt im E-Mail-Programm geöffnet, sondern höchstens heruntergeladen werden, falls die E-Mail ansonsten plausibel ist.

Falls wir Zweifel bezüglich eines Datei-Anhangs hegen, können wir ihn noch immer bei einem kostenlosen Online-Virenscanner hochladen und analysieren lassen, beispielsweise bei VirusTotal:

→ `https://www.virustotal.com/de/`
(aufgerufen am 29.12.2017)

Dieses Vorgehen kommt jedoch nur in Frage, wenn die zu untersuchenden Dateien nicht sensibel sind.

Im Zweifel kann man immer den angeblichen Absender der E-Mail kontaktieren und Rücksprache halten, nur niemals indem auf die E-Mail direkt geantwortet oder ein Link in der E-Mail angeklickt wird.

Die E-Mail ist tot – es lebe die E-Mail

„Die E-Mail ist tot."

Diesen Satz hört man seit Jahren und seit Jahren erweist er sich als unwahr – nicht zuletzt mangels Alternative. Gerade im Geschäftsverkehr ist die E-Mail nach wie vor ein wichtiges Kommunikationsmittel – um nicht zu sagen *das* Kommunikationsmittel.

Gerade dort würden wir uns eine Ende-zu-Ende-Verschlüsselung wünschen, die trotz aller Bemühungen und Initiativen nicht so recht in Gang kommt. Das liegt aber nicht an den Anbietern, sondern schlicht daran, dass bisher kein funktionierendes Konzept gefunden wurde.

Wenn wir kurz zusammenfassen, welche Anforderungen wir als Endanwender an eine „sichere" E-Mail stellen, dann erkennen wir schnell, dass diese Forderungen sich teilweise gegenseitig widersprechen – so begründet sie auch sein mögen:

- **Ende-zu-Ende-Verschlüsselung**
  Eine starke, durchgängige Verschlüsselung ist eine notwendige Voraussetzung, um sensible Daten wie medizinische oder geschäftliche Unterlagen zu versenden oder vertrauliche private Kommunikation zu führen.
  Eng verwandt hiermit ist übrigens eine zuverlässige Authentifikation der Kommunikationspartner.
- **Spam- und Virenschutz**
  Natürlich wünschen wir uns vom E-Mail-Provider einen möglichst effektiven Schutz vor Spam- und Viren-E-Mails. Diese Anforderung scheint offenbar in direktem Konflikt zur Ende-zu-Ende-Verschlüsselung zu stehen – zumindest wurde dieser Konflikt bisher nicht gelöst.
- **Offenes System**
  Das letzte, was wir als Anwender brauchen, ist eine Kontrolle der E-Mail durch einige wenige oder gar einen einzigen Anbieter. Im Gegensatz zu Messenger-Diensten ist die E-Mail ein offenes System: Jeder, der eine E-Mail-Adresse hat, kann eine Nachricht an jede beliebige andere E-Mail-Adresse schicken. Es braucht uns nicht zu kümmern, welchen Anbieter der Empfänger nutzt. Das sollte so bleiben.
- **Konfiguration und Kosten**
  Die Nutzung des Systems darf nicht Experten vorbehalten bleiben, sondern muss so einfach und intuitiv sein, dass man es ohne Fachkenntnisse und ohne nennenswerten Zeit- und Installationsaufwand nutzen kann. Auch nennenswerte Kosten dürfen nicht entstehen, um vom Endanwender akzeptiert zu werden.

- **Verfügbarkeit**
  Wie bisher muss die E-Mail auf jedem Gerät verfügbar sein, vom Desktop-Rechner über das Notebook bis hin zum Handy, und zwar gleichzeitig. Wir müssen – wie im Moment auch – jederzeit in der Lage sein, Nachrichten desselben E-Mail-Accounts am Notebook oder auch am Smartphone zu empfangen und versenden, ebenso wie direkt auf der Web-Seite des Providers. Dies wiederum schreit geradezu nach einer cloudbasieren Schlüsselverwaltung, was natürlich neue Probleme aufwirft.

Einige dieser Aufgaben ließen sich lösen, technisch bleiben aber folgende Herausforderungen bestehen:

- **Verteilung öffentlicher Schlüssel**
  Es muss ein Weg gefunden werden, für eine weite Verbreitung der öffentlichen Schlüssel zu sorgen. Technische Konzepte hierfür existieren, es hapert jedoch an deren Verbreitung – noch.
- **Verteilung privater Schlüssel**
  Es muss ein sicherer und einfacher Weg gefunden werden, den privaten Schlüssel auf alle unsere Geräte zu verteilen, mit denen wir unseren E-Mail-Account nutzen möchten.
  Ein möglicher Ansatz besteht in einer anbieterseitigen Synchronisation, was das Konzept eines „privaten" Schlüssels jedoch verletzt und kritisch zu sehen ist.
- **Spam- und Viren-Scan**
  Die meisten E-Mails im privaten Umfeld sind völlig unverfänglich. Etwas sensiblere Inhalte sind durch eine – hoffentlich durchgängige – Transport-Verschlüsselung gut geschützt. Der Mehrwert einer Ende-zu-Ende-Verschlüsselung ist also für die meisten Endanwender vergleichsweise überschaubar und wäre mit einem Verzicht auf Spam- und Viren-Scans vermutlich zu teuer erkauft.
- **Archivierung**
  Für uns als Endanwender in der Regel kein allzu wichtiges Kriterium – im Geschäftsleben aber sehr wohl relevant, schwierig zu lösen und daher ein weiterer Klotz am Bein der Ende-zu-Ende-Verschlüsselung: Wie sollen E-Mails archiviert werden [arch1]? Es muss sichergestellt sein, dass die E-Mail während des relevanten Archivierungs-Zeitraums lesbar ist. Soll dazu die verschlüsselte E-Mail archiviert werden? Was tun wir dann, wenn der private Schlüssel des Empfängers nicht mehr auffindbar ist, beispielsweise weil der Mitarbeiter gekündigt hat oder einen neuen Schlüssel erhalten hat? Offenbar muss ein Mechanismus vorgesehen werden, den privaten Schlüssel ebenfalls zu archivieren – ohne andererseits unbefugte Zugriffe auf die Nachrichten zu ermöglichen. Oder soll die Nachricht *vor* der Archivierung vom System entschlüsselt werden? Auch dazu muss der private Schlüssel des Empfängers zur Verfügung stehen.

Solange hier keine Lösung in Aussicht ist, dürfte die E-Mail auf dem Status quo verharren.

3.9.2 Messenger

▶ *E-Mail 2.0?*

Vor allem im Privatleben laufen die zahlreichen Messenger-Dienste der traditionellen E-Mail längst den Rang ab. Neben Platzhirsch WhatsApp existieren aber noch Alternativen, Telegram, Signal, Wire oder Threema beispielsweise:

→ `https://telegram.org/`
→ `https://signal.org/`
→ `https://wire.com/de/`
→ `https://threema.ch/de`
Hier ist der Hersteller-Link angegeben, die App laden wir am komfortabelsten über den AppStore.
(aufgerufen am 26.01.2018)

Der Weg einer Nachricht ist mit dem einer E-Mail vergleichbar, wie in Abb. 3.14 zu sehen. Ein wesentlicher Unterschied fällt aber auf: Messenger sind keine offenen Dienste; es gibt nur einen einzigen Provider pro Dienst. Wenn wir etwa WhatsApp und Telegram nutzen möchten, dann müssen wir beide Apps installieren.

So kritisch eine Konzentration auf wenige Anbieter ist, einen Vorteil hat sie doch:

Eine Ende-zu-Ende-Verschlüsselung ist vergleichsweise einfach und komfortabel umsetzbar und wurde mittlerweile bei zahlreichen Messengern umgesetzt – zumindest optional.

Wenn wir also unserem Anbieter vertrauen und nicht etwa unterstellen, dass er heimlich eine Kopie unseres Schlüssels hat und damit im Zweifelsfall alle Nachrichten lesen kann, dann haben wir hier ein höheres Maß an Datenschutz als bei der traditionellen E-Mail.

Die Kehrseite dieser Medaille ist natürlich, dass die zunehmenden Spam-Nachrichten nicht auf Basis des Nachrichteninhalts erkannt werden. Die Anbieter können nur auffällige Absender identifizieren.

Bei der Auswahl unseres Messenger-Dienstes haben wir zwar die Wahl, meist ist diese Entscheidung aber anhand eines ganz simplen Kriteriums bereits getroffen: „Welchen Messenger nutzen meine Freunde?" Gleichwohl können wir natürlich mehrere Messenger parallel nutzen.

Die entscheidende Einstellung, die uns vergleichsweise gut vor Spam schützt, ist – falls vorhanden – die Option, Nachrichten nur von Absendern zu akzeptieren, die in unserer Kontaktliste auftauchen. Damit reduzieren sich unerwünschte Nachrichten auf diejenigen, die aus unserem Freundeskreis – hoffentlich ohne Absicht – weitergeleitet wurden.

Bezüglich der Frage des Datenschutzes kann es auch interessant sein zu prüfen, welche Angaben ein Messenger-Dienst abfragt und ob diese Informationen wirklich alle erforderlich sind.

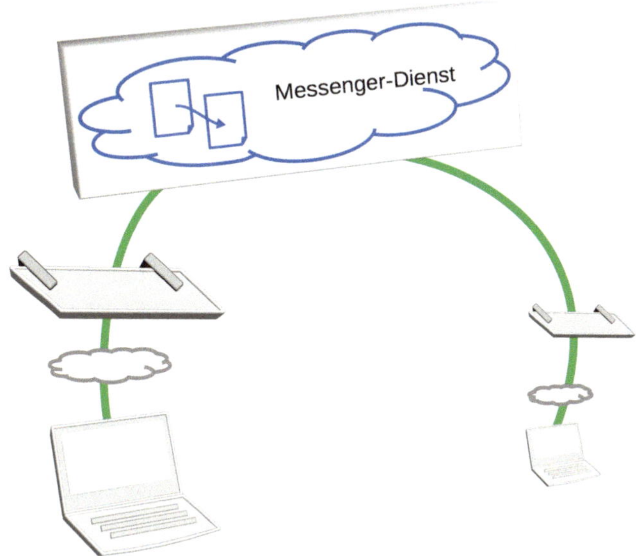

Abb. 3.14 Der Weg einer Messenger-Nachricht

3.10 Internet-Nutzung

▶ *Unterwegs im WWW …*

Nachdem der Internetzugang konfiguriert ist gilt es, bei der Nutzung des Internets nicht in die üblichen Fallen zu treten. Nun möchten wir uns einige klassische Situationen und Randbedingungen des „typischen Surfens“ ansehen.

3.10.1 Rechner-Accounts

▶ *Der Chef muss nicht alles selbst machen …*

Eine Grundregel, die leider oft ignoriert wird, lautet:

Arbeite mit so wenigen Rechten wie möglich.
Der Administrator-Account unseres Rechners dient – wie der Name deutlich sagt – nur der Verwaltung des Systems. Wir benötigen diesen Account, um Software zu installieren oder grundsätzliche Einstellungen vorzunehmen, etwa an der Firewall. Dazu sind weitreichende Zugriffsrechte im System erforderlich.

Bei der alltäglichen Arbeit und insbesondere beim Internet-Surfen benötigen wir diese Rechte aber nicht, deswegen sollten wir sie auch gar nicht haben. Wir legen uns also einen zweiten Nutzer an, der eben *keine* Administrator-Privilegien hat. Sollte beim Surfen mit diesem Benutzer ein Schadprogramm auf den Rechner gelangen, muss dieses Programm zuerst einmal versuchen, umfangreiche Rechte zu erlangen. Wenn wir als Administrator surfen, haben wir dem Hacker diesen Schritt geschenkt.

3.10.2 Web-Accounts

► *Man kann auch mal „tschüss" sagen!*

Auch bezogen auf die Internetdienste selbst stellt sich die Frage nach dem Zugang – unabhängig davon, mit welchem Benutzer-Account wir gerade am Rechner arbeiten.

Wenn wir mit unserem Google-Account angemeldet sind und beispielsweise die Startseite von YouTube aufrufen, dann erhalten wir bereits Vorschläge basierend auf unseren Interessen – Google kennt diese selbstverständlich.

Diese Funktion ist Fluch und Segen zugleich: Natürlich ist es angenehm, ein Angebot vorgesetzt zu bekommen, das sich an den eigenen Interessen orientiert. Andererseits kann man natürlich das Anlegen eines Nutzerprofils kritisch sehen. Denn nicht zuletzt trägt diese Form der Interessenorientierung dazu bei, uns in eine Echokammer zu setzen: Wenn wir uns nur mit Menschen und Meinungen umgeben, die zu unserem Weltbild passen, dann halten wir unsere Sicht der Dinge bald für die einzig Wahre. Noch schlimmer ist es, wenn wir – weil der Anbieter unsere Interessen kennt – von vorne herein nur noch das angeboten und vorgesetzt bekommen, wovon *andere* meinen, es sei interessant für uns. Wir machen uns sehr manipulierbar.

Ein ständiges An- und Abmelden ist einigermaßen umständlich; es ist aber durchaus ein interessantes Experiment, sich hin und wieder mit seinem Google-Account abzumelden und dann eine Seite wie YouTube nochmals aufzurufen.

Grundsätzlich können Web-Accounts natürlich Daten über uns sammeln und einige Fragen sollten in diesem Zusammenhang gestellt werden:

- **Notwendigkeit**
  Brauchen wir den Account wirklich? Kann man heute beispielsweise noch ohne Facebook- und Google-Account leben? Es gibt Menschen, die tun das erfolgreich.

  Trotzdem ist nicht abzustreiten, dass es genügend Dienste gibt, die eine so starke Quasi-Monopol-Stellung haben, dass man um deren Nutzung kaum herumkommt. Das bedeutet aber noch lange nicht, das wir auf jeden Zug aufspringen müssten – teilweise gibt es eben doch Alternativen oder der Dienst ist schlicht und einfach unnötig.

  „Weil's ihn gibt!" ist nicht unbedingt die richtige Antwort auf die Frage, warum wir uns bei einem Dienst anmelden.

- **Einstellungen**
  Es mag sein, dass die Standard-Einstellungen bezüglich des Datenschutzes unbefriedigend sind. Trotzdem gibt es diese Datenschutz-Einstellungen in der Regel sehr wohl und es lohnt sich, wenn wir uns einige Minuten gönnen, und sie durchsehen.
- **Benutzername**
  Wenn wir einen Web-Account einrichten, dann stellt sich schließlich die Frage nach dem Benutzernamen – häufig melden wir uns mit unserer E-Mail-Adresse an. Es ist ohne Weiteres möglich, mehrere E-Mail-Adressen einzurichten. Manchmal melden wir uns besser mit einer unwichtigen „Wegwerf"-E-Mail-Adresse an, insbesondere bei Diensten, die wir noch nicht kennen. Sollten aus unerfindlichen Gründen bei dieser Adresse plötzlich massenhaft Spam-E-Mails eintrudeln, können wir eine solche E-Mail-Adresse problemlos wieder löschen, ohne Aufwand mit einer E-Mail-Änderung bei anderen, wichtigen Diensten zu haben.

  Unseren echten Namen als Benutzernamen zu verwenden ist – je nach Dienst – oft keine gute Idee, zumindest wenn dieser Benutzername öffentlich sichtbar ist.

3.10.3 Browser-Einstellungen

► *Muss alles erlaubt sein?*

Der Browser ist ein besonders sensibles Programm, schließlich nutzen wir ihn zum Surfen und besuchen dabei nicht nur Seiten, die wir bereits kennen.

Einige Einstellungen sollten wir daher am Browser unbedingt vornehmen:

- **Updates**
  Mindestens sicherheitsrelevante Updates sollten automatisch eingespielt werden.
- **Passwörter**
  Unserem Browser erlauben wir die komfortable Speicherung von Login-Daten und Passwörtern nur, wenn diese selbst mit einem Master-Passwort gesichert sind – etwa bei Firefox. Dieses Master-Passwort müssen wir uns merken, daran führt kein sinnvoller Weg vorbei.
- **Flash** und **Java**
  Sowohl Flash als auch Java – trotz der ähnlichen Bezeichnung nicht zu verwechseln mit JavaScript! – sollten nur bei Bedarf aktiviert werden. Meist benötigen wir beides nicht.
- Inhaltsblocker und **Fremdinhalte**
  Über geeignete Add-ons können wir unerwünschte Inhalte blockieren, Details hierzu sehen wir in Abschn. 3.10.6.
- **Cookies**
  Wir wählen eine restriktive Einstellung für Cookies, wie in Abschn. 3.10.7 beschrieben. Meist ist es sinnvoll, Cookies zu erlauben, aber nicht von Drittanbietern.

- **Referrer**
  Über die Referrer-Information erhält eine Webseite Informationen darüber, woher der Besucher gerade kommt, also welche Seite er zuletzt besucht hat. Hierbei können sensible Informationen übertragen werden; manche Browser erlauben die Unterdrückung der Referrer-Information.

Eine elegante Möglichkeit, die Sicherheits-Einstellungen unseres Browsers zu kontrollieren, bietet eine Testseite des heise-Verlags:

→ `https://www.heise.de/security/dienste/Browsercheck-2107.html` (aufgerufen am 27.12.2017)

Hier sehen wir auf komfortable Weise, welche potenziellen Angriffspunkte unser Browser bietet.

3.10.4 Datensparsamkeit

► *Geiz ist manchmal eine Tugend …*

Daten, die nicht erhoben wurden, können nicht verarbeitet werden.

Das klingt banal, ist aber wahr. Wenn wir uns etwa für unseren Body-Maß-Index interessieren und deswegen einen Online-Body-Maß-Rechner suchen, dann werden wir wohl unsere Körpergröße und unser Gewicht angeben müssen. Das ist plausibel. Vielleicht noch unser Geschlecht und das Alter. Aber eine Adresse? Eine Kreditkartennummer? Wohl kaum.

Wenn wir bei einem Online-Händler wie Amazon einkaufen möchten, dann ist die Lage eine andere. Ja, wir müssen eine Adresse angeben. Wo sollte die Ware sonst hingeschickt werden? Ja, wir müssen irgendeine Form der Bezahlung angeben. Wie sollte die Ware sonst bezahlt werden?

„Datensparsamkeit" kann also keinesfalls interpretiert werden als „Gib bloß keine Daten preis!", sondern ist vielmehr zu verstehen als „Gib nach Möglichkeit nur erforderliche Daten preis".

Es gibt keine allgemeingültige Antwort auf die Frage: „Welche Daten gebe ich welchem Dienstleister?" Aber es ist immer hilfreich, sich selbst die Frage zu stellen: „Braucht der Dienstleister die erhobenen Informationen wirklich?"

Meist ist die Situation aber genauso einfach wie unerfreulich:

Wir haben gar keine große Wahl: Wenn wir einen Dienst nutzen möchten, müssen wir die geforderten Daten angeben. Wir haben also praktisch nur die Option, die Informationen zur Verfügung zu stellen oder auf den Dienst zu verzichten – oder einen unangenehmen und nicht selten fruchtlosen Streit zu beginnen.

Wenn jedoch ein Dienst Angaben von uns verlangt, die beim besten Willen nicht mehr erforderlich sind, um eben diesen angebotenen Dienst zu betreiben, dann ist dies schon ein starker Hinweis: Hier handelt es sich um ein Angebot, das wir lieber nicht nutzen sollten.

Im Zweifelsfall hilft eine kurze Internetrecherche um zu erkennen, ob es nicht entgegen aller Erwartung vielleicht doch ein alternatives Angebot zu dem Dienst gibt, den wir für alternativlos gehalten haben.

Ist der Account einmal eingerichtet, sollten wir uns überlegen, welche Informationen wir im Lauf der Zeit ständig von uns preisgeben. Sehr vorsichtig sollten wir mit Fotos und Videos sein; insbesondere sexuelle Inhalte sollten tabu sein: Diese Bilder werden mit viel Aufwand gesucht und machen sich sehr schnell selbstständig, nicht selten sind sie in kürzester Zeit auf Porno-Seiten wiederzufinden [foto1]. Wenn uns diese Vorstellung nicht behagt, ist die wirksamste Gegenmaßnahme, auf den Upload ins Internet zu verzichten.

3.10.5 Suchmaschinen

> *Wer weiß was?*

Suchmaschinen – allen voran Google – wissen viel über uns. Wir haben schon gesehen, dass wir häufig wenig gegen Datensammlungen unternehmen können. Gerade bei den sensiblen Suchmaschinen ist das aber sehr wohl möglich, denn: Es gibt Alternativen!

Mit StartPage und DuckDuckGo gibt es zwei Angebote, die nach eigener Angabe keine persönlichen Daten speichern [star1, duck1]:

→ `https://www.startpage.com/`
→ `https://duckduckgo.com/`
(aufgerufen am 07.01.2018)

Startpage liefert dabei inhaltlich die Google-Suchergebnisse.

3.10.6 Fremdinhalte

> *Was willst denn Du von mir?*

Werbung nervt.

Sie ist oft aufdringlich, schrill und laut; sie kostet Bandbreite und verlangsamt den Seitenaufbau. Nicht selten ist sie auch schlicht dumm: Eine Woche nach dem Kauf eines neuen Fahrrades gibt es kaum etwas Uninteressanteres als Fahrrad-Werbung. Offenbar ist es also durchaus sinnvoll, Werbung zu blockieren.

Das ist aber nur eine Seite der Medaille. Ehrlicherweise muss man zugeben, dass es unfair ist, kostenlose Angebote in Anspruch zu nehmen und mit der Werbung dann die Haupteinnahmequelle des Anbieters zu blockieren. Dementsprechend hart sind die Bandagen, mit denen sich Seitenbetreiber und die Anbieter von Werbeblockern gegenseitig bekämpfen.

Während sich für dieses Problem mit etwas gutem Willen eine Lösung finden ließe, haben wir dabei einen wesentlichen Aspekt ignoriert:

Abb. 3.15 Fremdinhalte von AdServern

Werbung ist nicht nur lästig, sie ist auch noch gefährlich.

Werbung wird heute von Werbeanbietern über AdServer geschaltet, wie wir in Abb. 3.15 sehen. Technisch bedeutet das letztendlich, dass der Betreiber einer Webseite kaum mehr die Kontrolle darüber hat, welche Inhalte – insbesondere Skripte – beim Aufruf seiner Seite vom AdServer geladen und ausgeführt werden. Wir können also Opfer von „Malvertising" werden, wenn Werbebanner für **„Drive-by"-Angriffe** genutzt werden, wodurch selbst seriöse Webseiten zu einer Gefahrenquelle werden können [malv1].

Das müsste nicht so sein. Wenn ein Seitenbetreiber die Werbeinhalte auf seiner Seite selbst schalten würde und auf Drittanbieter verzichten würde, dann gäbe es die genannten Probleme nicht. Als einer der großen Anbieter hat bild.de diesen Weg eingeschlagen:

Im kostenpflichtigen BILDsmart Abo-Modell wird auf AdServer-basierte Werbung verzichtet; der Kunde erhält nur noch Werbung von eigenen Servern des Anbieters und dies in geringerem Umfang [bild1].

Nun kann man trefflich darüber streiten, ob ein kostenpflichtiges Angebot nicht völlig werbefrei sein sollte und ob die Nutzung von AdServern auf Grund der unkalkulierbaren Risiken nicht grundsätzlich abzulehnen ist – auch bei kostenfreien Angeboten. Diese Frage möchten wir hier nicht ausdiskutieren, vielmehr möchten wir uns im Folgenden ansehen, wie wir Drittanbieter-Inhalte blockieren können, sei es nun Werbung oder nicht.

Ein geeignetes Werkzeug sollte dabei gegen folgende Checkliste geprüft werden:

- **Einfachheit**
  Es sollte einfach und komfortabel möglich sein, Einstellungen für verschiedene Webseiten vorzunehmen.
- **Standard**-Einstellungen
  Das Werkzeug sollte ohne viel Aufwand eine vernünftige Voreinstellung bieten. Diese könnte beispielsweise lauten: Erlaube Skripte und Cookies von der aktuell besuchten Seite, aber nicht von Drittanbietern.

Unter Desktop-Betriebssystemen können wir verschiedene Browser-Plug-ins nutzen, wie beispielsweise:

- **uBlock Origin**
  ist ein Add-on, das unter anderem für den Chrome- und Firefox-Browser verfügbar ist und Inhalte basierend auf regelmäßig aktualisierten Filterlisten blockiert.
- **AdblockPlus**
  ist ein Add-on, das ähnlich wie uBlock Origin arbeitet.
  Kritisiert wird hier teilweise das „Accepptable Ads"-Konzept, nachdem bestimmte Werbung von der Blockade ausgenommen wird, wenn diese als unaufdringlich eingestuft wird. Dies wird kritisch gesehen, weil Werbeanbieter teilweise Geld für die Nicht-Blockade ihrer Werbung bezahlen, auch wenn sie dabei die gleichen Regeln erfüllen müssen, um „accepptable" zu sein [acce1].
- **NoScript**
  ist nicht auf Werbung fokussiert, sondern blockiert Skripte allgemein. Verfügbar ist NoScript unter anderem als Add-on für den Firefox-Browser.
- **uMatrix**
  blockiert beispielsweise Cookies und Scripte und ist unter anderem für den Firefox- und Chrome-Browser verfügbar. Die Konfiguration erfolgt in einer Matrix, die nach einer überschaubaren Einarbeitungsphase eine schnelle und feingranulare Konfiguration ermöglicht.

→ `https://github.com/gorhill/uBlock/`
→ `https://adblockplus.org/`
→ `https://noscript.net/`
→ `https://github.com/gorhill/uMatrix`
Hier ist jeweils der Hersteller-Link angegeben, das Add-on laden wir am komfortabelsten direkt im Browser.
(aufgerufen am 27.12.2017)

Die Voreinstellungen der entsprechenden Werkzeuge bieten meist einen guten Kompromiss zwischen Sicherheit und Nutzbarkeit der Seite.

Falls wir aber auf Nummer sicher gehen möchten und vorsichtshalber als Grundeinstellung sagen „Verbiete alles, was nicht ausdrücklich erlaubt ist", dann werden beim ersten Ansurfen die allermeisten Seiten nicht funktionieren. Wir müssen also kurz prüfen, welche Elemente erforderlich sind, und die nötigen Inhalte freigeben.

Der erstmalige Besuch einer Seite ist bei einer solchen Grundeinstellung also einigermaßen mühsam, einmal eingerichtet arbeitet die Blockade unerwünschter Inhalte dann unauffällig im Hintergrund.

Auf mobilen Betriebssystemen wie Android oder iOS steht mit „Klar" von Mozilla ein einfach zu konfigurierender Inhaltsblocker zur Verfügung:

→ `https://support.mozilla.org/de/kb/was-ist-firefox-klar`
Hier ist der Hersteller-Link angegeben, die App laden wir am komfortabelsten über den AppStore.
(aufgerufen am 27.12.2017)

„Klar" kann als eigenständiger Browser genutzt werden, unter iOS lässt sich „Klar" außerdem als Inhaltsblocker für Safari konfigurieren: Dazu müssen wir sowohl in den „Klar"-Einstellungen die Integration in Safari aktivieren, als auch in den Safari-Einstellungen „Klar" als Inhaltsblocker einstellen.

Auch auf Desktop-Systemen verbreitet sich die Blockade von Fremdinhalten immer mehr, so hat etwa der Opera-Browser mittlerweile einen Werbeblocker integriert [oper1].

3.10.7 Cookies

▶ *Leckere Kekse, die schwer im Magen liegen?*

Wir haben schon in Abschn. 3.10.1 gesehen, dass sich Anbieter – sinnvollerweise – gerne Informationen über uns merken. Dazu brauchten wir uns exemplarisch nur anzusehen, wie die Youtube-Startseite oder die Google-Suchmaske aussieht, je nachdem ob wir mit unserem Konto angemeldet sind oder nicht.

Darüber hinaus können Internetseiten tatsächlich auch Informationen lokal speichern, das geschieht in Form von Cookies. Cookies erlauben einer Webseite insbesondere, uns zu identifizieren und damit beim nächsten Besuch der Seite wiederzuerkennen. Viele Seiten funktionieren kaum oder gar nicht ohne Cookies, wir können aber einige wichtige Einstellungen im Browser vornehmen:

- **Erlaubnis**
  Wir können Cookies grundsätzlich verbieten, womit wir meist über das Ziel hinaus schießen. Wir können Cookies grundsätzlich erlauben, was oft nicht empfehlenswert ist. Wir können Cookies der aktuell besuchten Webseite akzeptieren, nicht aber von Drittanbietern – meist eine gute Einstellung.

- **Lebensdauer**
  Wir können Cookies so lange existieren lassen, wie sie es wünschen. Wir können Cookies aber auch beim Beenden des Browsers löschen – ebenso wie beispielsweise den Browserverlauf.

Eine ähnliche Funktion erfüllen die sogenannten Flash-Cookies, die von der üblichen Browser-Einstellung nicht erfasst werden. Da Adobe Flash 2020 eingestellt werden soll [fla20], nimmt die Zahl der Webseiten, die Flash benötigen, ständig ab. Bezüglich Flash und der dazugehörigen Cookies sollten wir uns also fragen:

- **Notwendigkeit**
  Benötigen wir Flash überhaupt noch? Testhalber kann das Plug-in im Browser deaktiviert werden und dann sehen wir, welche unserer besuchten Seiten überhaupt Probleme haben.
- **Cookies deaktivieren**
  In den Flash-Einstellungen können wir Webseiten verbieten, Daten lokal auf unserem Rechner abzulegen.

Die meisten Browser bieten auch die Möglichkeit des „privaten Surfens“. Wenn eine Webseite in einem „privaten“ Fenster geöffnet wird, dann werden meist keine Cookies und Webseiten-Daten dauerhaft gespeichert, auch wird die Seite nicht in die Browser-Historie aufgenommen.

3.10.8 HTTPS

▶ *„S“ wie „sicher“? „S“ wie „seriös“?*

Verschlüsselte HTTPS-Verbindungen sind auf jeden Fall zu bevorzugen im Vergleich zu unverschlüsselten HTTP-Verbindungen. Das hatten wir bezogen auf öffentliche WLANs bereits in Abschn. 3.6.2 gesehen.

Was in einem öffentlichen WLAN obligatorisch ist, schadet auch auf dem heimischen Rechner nicht. Ein Add-on wie „Https Everywhere“ stellt eine verschlüsselte Verbindung her, falls diese verfügbar ist:

→ `https://www.eff.org/https-everywhere`
Hier ist der Hersteller-Link angegeben, das Add-on installieren wir am komfortabelsten direkt im Browser.
(aufgerufen am 28.12.2017)

Sensible Daten wie Passwörter geben wir ausschließlich über verschlüsselte Verbindungen ein. Da die Verschlüsselung Manipulationen des Datenstroms über „Man-in-the-Middle“-Attacken erschwert, ist eine HTTPS-Verbindung auch für Downloads empfehlenswert.

Wir sollten uns bei dieser Gelegenheit nochmals klarmachen, was „HTTPS“ überhaupt bedeutet:

HTTPS steht für „verschlüsselt“, nicht für „seriös“. Jede seriöse Seite wird Zugangsdaten ausschließlich über eine HTTPS-Verbindung abfragen. Daraus können wir aber noch lange nicht folgern, dass im Umkehrschluss jede Seite seriös sei, nur weil sie HTTPS nutzt – das ist leider nicht der Fall.

3.10.9 Online-Banking

▶ *Wenn's ums Geld geht, hört die Freundschaft auf!*

So sehr wir uns vor unnötiger Paranoia hüten sollten, so sehr sollte klar sein: Online-Banking ist vermutlich die sensibelste und damit auch gefährlichste Art und Weise, in der wir als Endanwender das Internet nutzen. Dementsprechend sind viele Sicherheitsvorkehrungen, die beim „normalen Surfen“ völlig überzogen und paranoid wären, im Rahmen des Online-Bankings dringend angeraten. Wenn auch sonst nirgends, so sollte beim Online-Banking gelten: „Security first.“

Aus diesem Grund gelten viele der bisher untersuchten Maßnahmen beim Online-Banking in ganz besonderer Weise. Dazu gehören insbesondere:

- Eigener **Account**
  Wir legen am Rechner einen separaten Account an, den wir ausschließlich für Online-Banking nutzen. Das verursacht keinen übermäßigen Aufwand und schafft eine zusätzliche Hürde, die ein Hacker überwinden muss, wenn er unseren „normalen“ Surf-Account kompromittiert.
- Strenge **Filter**
  Dankenswerterweise verzichten viele Banken auf gefährliche AdServer-basierte Werbung auf ihren Seiten. Trotzdem schadet es nicht, unnötige Inhalte hier besonders streng zu filtern. Wie das geht, haben wir in Abschn. 3.10.6 gesehen.

Login

Der erste Schritt zu sicherem Online-Banking ist natürlich ein möglichst gutes Passwort beim Login. Kriterien hierfür haben wir in Abschn. 3.3 kennengelernt.

Viele Dienstleister – darunter Banken – weisen uns nach einem Login ausdrücklich auf fehlgeschlagene Login-Versuche hin. Das kann ein Alarm-Signal sein, muss aber nicht:

- Je nachdem, wie nahe wir unseren Login-Namen an unserem echten Namen orientieren, kann es durchaus wahrscheinlich sein, dass jemand anderes durch einen puren Tippfehler aus Versehen versucht hat, sich mit unserem Account anzumelden – wir erhalten den entsprechenden Hinweis auf einen fehlgeschlagenen Login.
- Natürlich kann es auch sein, dass jemand tatsächlich versucht hat, sich in unseren Account anzumelden.

Im Zweifelsfall empfiehlt es sich, das Passwort zu ändern. Außerdem kann es nicht schaden, einen Login-Namen zu wählen, der möglichst nicht durch einen simplen Vertipper aus einem anderen Namen entsteht. Das bedeutet nicht, dass wir als Login-Namen einen ähnlich unmerkbaren Buchstaben-Salat wie als Passwort nutzen – das bringt wenig.

Freigabe von Transaktionen

Die typische Zwei-Faktor-Authentifizierung ist bei Online-Banken nicht verbreitet. Das liegt im Wesentlichen daran, dass man durch einen bloßen Login „nur“ Einsicht in die Konten erhält – was unangenehm genug ist – eine Transaktion ist damit noch längst nicht möglich.

Der zentrale Sicherheitsaspekt beim Online-Banking ist dann die Freigabe einer Transaktion. Diese geschieht mit einer Transaktionsnummer (TAN). Herkömmliche TAN-Listen sind mittlerweile durch verschiedene neue Technologien abgelöst worden:

- **SMS**
  Nutzung von „SMS-TANs“ bzw. „mobile TANs“, die als SMS ans Handy geschickt werden. Für die Nutzung der SMS-TAN ist kein Smartphone erforderlich, es genügt ein einfaches Handy.
- **Chip**
  Nutzung von „ChipTANs“, bei denen ein Flicker-Code am Bildschirm angezeigt wird, die eigentliche TAN wird dabei von einem separaten Gerät erzeugt, dem ChipTAN-Generator.
- **App**
  Nutzung von „AppTANs“, bei denen eine spezielle App zur TAN-Generierung genutzt wird.
- HBCI
  Banking per HBCI, was mit unabhängiger Software möglich ist.
  Diese Lösung ist eher im professionellen Bereich üblich und soll hier nicht genauer betrachtet werden.

Ältere Konzepte wie etwa vorgefertigte TAN-Listen sollten wir keinesfalls mehr nutzen – falls sie überhaupt noch angeboten werden.

Moderne TAN-Verfahren ähneln sich insofern, als die TAN konkret für eine spezielle Transaktion ermittelt wird. Eine zentrale Sicherheitsregel hierbei lautet:

Es sollten immer zwei Geräte beteiligt sein.

Der Gedanke dahinter ist einfach: Ein Gerät kann gehackt oder mit Schadsoftware kompromittiert werden, zwei Geräte gleichzeitig zu kontrollieren ist zwar denkbar, aber ungleich schwieriger.

In einigen Konstellationen wird diese Regel eingehalten:

- Banking am PC und Zustellung der TAN per SMS ans Handy.
- Banking am PC und Zustellung der TAN per Flicker-Code an den TAN-Generator.

Bei AppTANs ist die Lage etwas komplizierter:

Angriffe auf AppTAN-Verfahren sind zwar alles andere als trivial, trotzdem sollten wir uns darüber im Klaren sein: Wenn wir aus Bequemlichkeit die Abwicklung des Bankings und die Übermittlung der TAN auf dem gleichen Gerät erledigen, dann verletzen wir eine wichtige Sicherheitsregel. Diese Überlegung ist durchaus nicht rein theoretisch, denn es wurden bereits Schwächen in den entsprechenden Apps entdeckt [babu1].

Durchaus bemerkenswert erscheint es daher, dass einige Banken einerseits aus Sicherheitsgründen die Nutzung von SMS-TANs nicht auf dem gleichen Handy zulassen, auf dem das mobile Banking durchgeführt wird – hier wird die Nutzung zweier separater Geräte als wichtiger Sicherheitsaspekt herausgestellt. Andererseits wird die Nutzung der eigenen TAN- und der Banking-App auf dem gleichen Smartphone empfohlen – hier wird die Nutzung eines einzigen Geräts als komfortabel beworben [bawi1, bawi2, bawi3, bawi4, bawi5, bawi6, bawi7].

Die beiden Situationen sind technisch sicherlich nicht gleichwertig, trotzdem bleibt die Erkenntnis bestehen: Es ist schwieriger, zwei Geräte zu kontrollieren als ein einziges.

Selbst die Nutzung zweier Geräte bietet aber keine absolute Sicherheit: Das Handy als unabhängiges Gerät für SMS-TANs wurde schon überwunden; es wurden bereits Konten geplündert [bamo1].

Nach derzeitigem Stand ist die sicherste Methode des Online-Bankings, die für Endverbraucher geeignet ist, die Nutzung eines separaten ChipTAN-Generators [base1]. Während wir das eigentliche Banking am PC durchführen, kommt auch hier ein zweites Gerät zum Einsatz. Im Gegensatz zum Handy bei Nutzung der SMS-TAN oder AppTAN ist der ChipTAN-Generator ein isoliertes Gerät, das *ausschließlich* der TAN-Generierung dient: Wir surfen nicht damit, installieren keine Software, benötigen keine SIM-Karte oder Ähnliches.

Die Funktionsweise der ChipTAN-Generierung ist in Abb. 3.16 dargestellt:

- Die Überweisungsdaten, die von uns eingegeben wurden, werden am Bildschirm in Form eines Flicker-Codes dargestellt.
- Mit dem TAN-Generator lesen wir den Flicker-Code. Das Gerät sollte ein eigenes Display haben und die wesentlichen Daten darstellen – Empfänger-Konto und Betrag.
- Nachdem wir die Daten abgeglichen haben, lassen wir den TAN-Generator eine nur für diese Transaktion gültige TAN erzeugen.
- Diese TAN geben wir ein und senden sie an die Bank.

Es ist jedoch zu prüfen, ob die ChipTAN von unserer Bank überhaupt angeboten wird. Leider kommt es auch vor, dass dieses Verfahren auf Grund zu geringer Nutzerzahlen wieder abgeschaltet wurde [bano1].

Und der Preis für diese Lösung?

- Für den TAN-Generator fallen einmalige Anschaffungskosten in der Größenordnung von ca. 10 € bis 15 € an.
- Wir müssen auf mobiles Banking verzichten und beschränken uns auf den heimischen Rechner.

Security first.

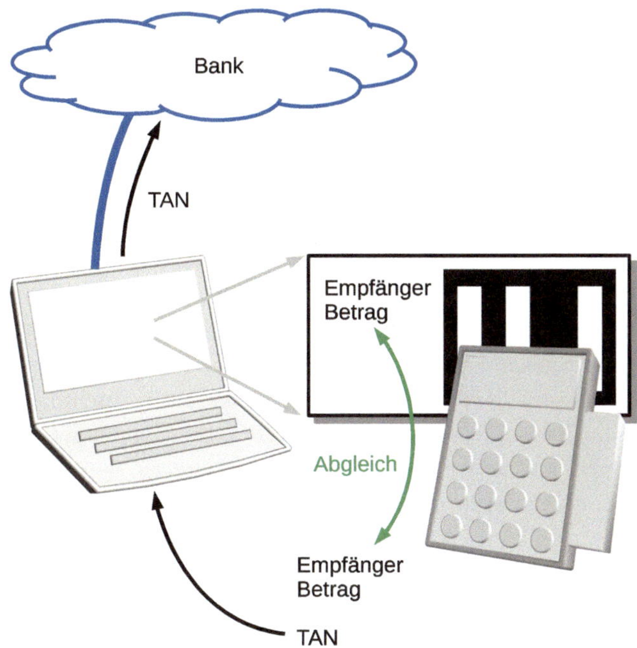

Abb. 3.16 ChipTAN-Generierung

Falls unsere Bank eine Handy-App anbietet, mit der sich zwar keine Transaktionen ausführen lassen, wohl aber beispielsweise der Kontostand und die letzten Umsätze kontrollieren lassen, dann haben wir einen guten Mittelweg gefunden: Transaktionen führen wir daheim am Rechner aus, bloßes „Hineinschauen“ zur Kontrolle ist jederzeit auch mobil möglich [batr1]. Leider sind derartige Apps Nischenprodukte und daher vom Aussterben bedroht. Einen ähnlichen Effekt bietet eine SMS-Benachrichtigung bei Kontenbewegungen [batr2, batr3].

Zahlungsauslösedienste und FinTechs

Ein sperriger Begriff wie „Zahlungsauslösedienst“ löst selten angenehme Gefühle aus. Tatsächlich geht es hier um innovative Finanzdienstleister, die Bezahlvorgänge einfacher und komfortabler machen möchten.

In der Tat ist unser Bankkonto nicht nur dann beteiligt, wenn wir uns selbst bei unserer Bank anmelden und beispielsweise eine Überweisung tätigen. Wir bezahlen auch beispielsweise per Lastschrift oder per „Sofortüberweisung“. Die „Sofort GmbH“, Anbieter von „Sofortüberweisung“ und heute Tochter von Klarna, hat eine durchaus interessante Geschichte vorzuweisen [sofo1]:

Das Konzept von „Sofortüberweisung“ besteht darin, dass der Anwender beim Online-Shopping zur Bezahlung *nicht* auf die Seite seiner Bank wechseln muss, sondern PIN und TAN direkt in einem Dialog eingeben kann – eine sehr komfortable und unkomplizierte Lösung [sofo2].

Technisch übermitteln wir damit jedoch unsere sensiblen Zugangsdaten an einen Dritten. Die Banken haben sich verständlicherweise lange gegen dieses Vorgehen gewehrt – selbstverständlich im Datenschutzinteresse ihrer Kunden, aber auch nicht völlig uneigennützig: Die Kontobewegungen eines Verbrauchers sind ein Datenschatz von unschätzbarem Wert, den man natürlich äußerst ungern mit anderen teilt.

Letztlich sieht das Bundeskartellamt eine Behinderung von Diensten wie „Sofortüberweisung“ durch die Banken kritisch. Etwa ein in den Bank-AGBs verankertes Verbot der Weitergabe von PIN und TAN wird als unzulässig gesehen. Auch die EU-Richtlinie für Zahlungsdienste ab 2018 unterstützt solche Anbieter, Banken müssen über entsprechende Schnittstellen Zugriff auf bestimmte Kontodaten gewähren.

Das ändert aber nichts daran, dass ein solcher Dienstleister im Besitz unserer Zugangsdaten Zugriff auf sensible Informationen hat, verschiedene Missbrauchs-Szenarien wären denkbar. Dies sind jedoch theoretische Möglichkeiten, bis zum Beweis eines konkreten Missbrauchs kann keinem Zahlungs-Dienstleister unterstellt werden, mit den Daten unseriös umzugehen.

So komfortabel die Dienste der FinTechs („Financial Technology“ zu Deutsch etwa „Anbieter von innovativen Finanzdienstleistungen“) sind: Wir selbst müssen entscheiden, ob wir ihnen das nötige Vertrauen entgegen bringen. In jedem Fall wird die Welt wieder ein bisschen komplizierter, wenn wir uns mit der Frage beschäftigen müssen, wer Zugriff auf unser Konto erhalten soll.

Entscheidend ist aus Sicht des Verbrauchers, dass der Zugriff auf unser Konto *nicht* nach einem Opt-out-Prinzip erfolgen soll, das lauten würde: „Jeder kann einfach so auf Dein Konto zugreifen. Wenn Du etwas dagegen hast, dann sag' Bescheid.“

Vielmehr soll der Zugriff per Opt-in-Prinzip nur dann möglich sein, wenn wir dem explizit zustimmen. Das Motto lautet also: „Niemand kann einfach so auf Dein Konto zugreifen. Wenn Du es jemandem ausdrücklich gestatten willst, sag' Bescheid.“

Im Ergebnis haben wir hier eine Situation, die aus Verbrauchersicht eine Erfolgsgeschichte ist – sowohl mit Blick auf komfortable und innovative Dienste, als auch mit Blick auf den Datenschutz:

Dienste der FinTechs sind möglich, werden uns aber nicht aufgedrängt: Kontenzugriff erhalten sie nur mit unserer ausdrücklichen Zustimmung. Aus purem Eigennutz werden die Banken die Gesetze und Vorschriften vermutlich möglichst streng auslegen, möglichst wenigen Dritten möglichst wenige Daten zur Verfügung stellen und uns ausführlich über alle denkbaren Risiken in Zusammenhang mit FinTechs aufklären.

Hier decken sich also die Interessen der Bank mit unseren eigenen – zumindest so lange echte Konkurrenz herrscht und keine Kooperation zwischen Bank und FinTech stattfindet.

3.10.10 Top-Level-Domains

▶ *„.de" ist nicht Deutschland!*

Was können wir eigentlich aus der Top-Level-Domain einer Webseite ableiten? Nicht viel, und es ist insbesondere wichtig zu wissen, was wir *nicht* schlussfolgern können.

Nur weil die gerade besuchte Webseite eine .de-Seite ist, bedeutet das noch lange nicht, dass sie von einem „deutschen" Unternehmen betrieben wird – was auch immer wir genau damit meinen:

→ `https://www.amazon.de`
→ `https://www.google.de`
→ `https://www.ebay.de`
→ `https://www.sony.de`
→ `http://www.gazprom.de`
(aufgerufen am 07.02.2018)

All diese Unternehmen betreiben eine .de-Webseite. Etwas offensichtlicher ist die Sachlage, wenn wir zwar eine .de-Adresse eingeben können, aber sofort auf eine andere Adresse umgeleitet werden, beispielsweise:

→ `https://www.apple.de` → `https://www.apple.com/de/`
→ `https://www.microsoft.de` → `https://www.microsoft.com/de-de`
→ `https://www.facebook.de` → `https://de-de.facebook.com/`
→ `http://www.samsung.de` → `http://www.samsung.com/de/`
→ `http://www.hitachi.de` → `http://www.hitachi.eu/de-de`
(aufgerufen am 07.02.2018)

Können wir bei einer .de-Adresse denn „wenigstens" davon ausgehen, dass der Server, den wir gerade besuchen, in Deutschland steht? Das könnte durchaus Einfluss darauf haben, wer nach welchem Recht Zugriff auf die dort liegenden Daten hat. Wenn wir sofort auf beispielsweise .com oder .eu umgeleitet werden, dann können wir das offenbar nicht erwarten, aber was ist bei einer „echten" .de-Seite?

Auch in diesem Sinne sagt die .de-Domain gar nichts aus: Der Server kann in Deutschland stehen, muss aber nicht; insbesondere kann sich der Server-Standort ständig dynamisch ändern. Das gilt grundsätzlich für alle .de-Seiten, ob sie nun von einem ausländischen Unternehmen, einer deutschen Tochter eines ausländischen Unternehmens oder einem deutschen Unternehmen betrieben werden.

Wenn wir also sicher sein möchten, dass eine Seite beispielsweise im Inland liegt, dann müssen wir prüfen, ob der Seitenbetreiber dies ausdrücklich zusichert – die Domain liefert hier keine zuverlässige Aussage.

3.10.11 Cloud-Anwendungen

▶ *Alles in die Cloud?*

Spätestens seit Google Docs und Microsoft Office 365 sind auch die Officeanwendungen in die Cloud gewandert:

→ `https://www.google.de/intl/de/docs/about/`
→ `https://products.office.com/de-de/`
(aufgerufen am 27.12.2017)

So praktisch die automatische Verfügbarkeit der Dokumente auf unterschiedlichen Geräten ist, auch hier ist der Datenschutz ein relevantes Thema.

Ob wir nun die Dokumente direkt im Browser bearbeiten oder eine App installieren und sie dann lediglich in der Cloud speichern: Die Daten liegen beim Anbieter; er kann sie einsehen. Spätestens im gewerblichen Umfeld kann das heikel werden; schließlich gibt es Datenschutz-Bestimmungen, die einzuhalten sind.

Dieser Konflikt wurde anbieterseitig erkannt und beispielsweise Microsoft bietet mit „Office 365 Deutschland" die Möglichkeit, den komfortablen Cloud-Dienst nach deutschem Recht zu nutzen:

→ `https://www.microsoft.com/de-de/cloud/deutsche-cloud`
→ `https://cloud.telekom.de/software/office-365/`
(aufgerufen am 27.12.2017)

Die genutzten Rechenzentren befinden sich in Deutschland; nur hier werden die Daten gespeichert. Interessant ist das Konzept des „Datentreuhänders", der den Zugang zu Kundendaten kontrolliert. Gedacht ist dieses Konzept ursprünglich für gewerbliche Kunden und Behörden, dementsprechend ist das Angebot nicht kostenlos.

Als Endanwender gibt es bezüglich Cloud-Diensten – sei es nun das Schreiben eines Briefes oder Bildbearbeitung – einige Kriterien, die wir prüfen:

- **Einfachheit**
  Gut gemachte Cloud-Anwendungen punkten durch ihre Einfachheit, nicht zuletzt fällt gegebenenfalls die Installation einer lokalen Anwendung völlig weg. Insbesondere wenn unsere Daten nicht übermäßig sensibel sind und wir dem Anbieter in ausreichendem Maß vertrauen können, dürften Cloud-Anwendungen eine Zukunft haben.
- **Kosten**
  Spätestens, wenn Zusagen bezüglich des Datenschutzes gegeben werden – etwa bei Office 365 Deutschland – sind die Dienste i. d. R. nicht mehr kostenlos zu haben. Es ist unsere Entscheidung, wie viel uns Datenschutz wert ist.
- **Bedarf**
  Möchten wir Dokumente tatsächlich auf verschiedenen Geräten bearbeiten oder nutzen wir die Cloud eher als Backup? Stellen wir hohe Ansprüche an die Software oder nutzen wir ohnehin nur einen Bruchteil der angebotenen Funktionalität?

Cloud um der Cloud willen ist oft nicht zielführend. Je nach unseren persönlichen Anforderungen haben wir also mehrere Alternativen:

- Nutzung der Cloud-Dienste ohne spezielle Datenschutz-Garantien.
- Nutzung der Cloud-Dienste mit Datenschutz-Garantien.
- Nutzung einer lokalen Anwendung.

Im privaten Umfeld hat die Synchronisation der Daten meist keine so große Bedeutung – es arbeiten nicht mehrere Kollegen am gleichen Dokument und möchten immer den aktuellen Stand vor Augen haben.

In der Regel genügt uns also die Speicherung in der Cloud als Backup und manchmal zum Austausch beispielsweise zwischen PC und Notebook, an denen wir aber sicher nicht gleichzeitig arbeiten.

Dementsprechend ist es oft am einfachsten, eine lokale Anwendung zu installieren und dann die Daten über die Cloud verschlüsselt zu synchronisieren, wie wir es in Abschn. 3.7 gesehen haben.

Bei den Anbietern von Cloud-Speicher sind wir übrigens nicht auf die Platzhirsche wie Microsoft, Apple oder Dropbox angewiesen, es gibt auch hier Alternativen:

→ `https://www.strato.de/online-speicher/`
→ `https://www.hetzner.de/storage-box`
→ `https://mailbox.org`
(aufgerufen am 07.02.2018)

Auch beim Office-Paket gibt es interessante Alternativen zu den großen Anbietern, wie etwa LibreOffice:

→ `https://de.libreoffice.org/`
(aufgerufen am 28.12.2017)

3.10.12 TV, Multimedia und Spielkonsolen

▶ *Gucken, hören, spielen, ...*

Einen modernen Smart-TV von einem „richtigen“ Computer unterscheiden zu wollen ist eine eher akademische Übung. Ein Smart-TV soll streamen können, idealerweise können wir zusätzliche Apps installieren.

Einen Smart-TV ohne Internetverbindung zu betreiben wäre mit Blick auf den Datenschutz zwar wünschenswert, dürfte aber in aller Regel kaum praktikabel sein. Technisch haben damit die Hersteller weitreichende Möglichkeiten, sobald ein Kommunikationskanal vom Verbraucher zurück zum Anbieter existiert, etwa bei HbbTV:

Wo Inhalte konsumiert werden, könnte der Hersteller unsere Gewohnheiten auswerten und ein Nutzerprofil erstellen. Wo ein Mikrofon oder gar eine Kamera aktiv ist, könnte der Hersteller unseren Wohnraum überwachen – die technischen Möglichkeiten sind vorhanden.

Damit ist noch längst nicht gesagt, dass dies auch tatsächlich geschieht. Wie schon beim Handy oder Desktop-Rechner sehen wir: Dem Hersteller müssen wir vertrauen – oder auf sein Produkt verzichten.

Neben dem obligatorischen Blick in die Einstellungen des jeweiligen Geräts lohnt sich auch hier eine kleine Internetrecherche.

Ist der TV-Hersteller schon negativ aufgefallen?

Es gab schon Fälle, in denen TVs Daten verschickt haben, von gesehenen Sendern bis hin zu Dateinamen angeschlossener USB-Datenträger [tvsp1].

Das Maß an Vertrauen, das Hersteller uns abverlangen, ist hier teilweise durchaus beachtlich – dem Ideenreichtum scheinen kaum Grenzen gesetzt. So kam beispielsweise schon 2012 die Idee auf, Inhalte je nach Anzahl der konsumierenden Nutzer in Rechnung zu stellen. Wie das funktionieren könnte? Indem die im Gerät montierte Kamera das Wohnzimmer überwacht. Es mag uns etwas beruhigen, dass die Software nur lokal auf dem Gerät laufen sollte – ein ungutes Gefühl bleibt aber bei dem Gedanken, im eigenen Wohnzimmer gefilmt zu werden [mswz1].

In jedem Fall empfiehlt es sich, auf einem SmartTV nach Möglichkeit keine Dienste zu nutzen, bei denen wir uns anmelden müssen – Daten, die gar nicht am SmartTV eingegeben werden, können kaum weiter geschickt werden.

Grundsätzlich ähnlich ist die Lage bei smarten Lautsprechern oder Spielkonsolen: Wenn wir den Komfort wünschen, ein Gerät per Sprachkommando zu steuern, dann muss offenbar ein Mikrofon eingebaut und aktiv sein.

Genau wie beim Rechner bringt es wenig, nach Perfektion zu rufen. Interessant ist vielmehr auch hier die Frage, wie ein Hersteller mit Problemen umgeht. Wie ist die Stellungnahme ausgefallen? Gab es ein Update, das das Verhalten korrigiert hat?

Das Datenschutzverhalten des Herstellers ist damit ein Entscheidungskriterium beim Kauf eines Geräts, genau wie Bildschirmdiagonale oder Auflösung.

3.10.13 Internet of Things

▶ *Immer und überall?*

Sei es nun das klassische Surfen im Internet, die Synchronisation von Daten in der Cloud oder die Nutzung einer Cloud-Anwendung – meist ist offensichtlich, dass hier das Internet beteiligt ist.

Beim „Internet of Things" (IoT) geht es aber darum, Alltagsgegenstände zu vernetzen und sie damit „smart" zu machen. Die Spannbreite ist dabei groß:

- Brauchen wir eine smarte Heizungssteuerung?
  Ja, das ist zweifellos eine sinnvolle Anwendung. Wenn wir nach der Arbeit der Kneipe unseres Vertrauens einen kleinen Besuch abstatten, dann ist es durchaus vernünftig, nicht den ganzen Abend lang sinnlos die Wohnung zu heizen. Wir schalten die Heizung also erst an, wenn wir uns auf den Heimweg machen – absolut vernünftig.
- Brauchen wir „Einkaufs-Knöpfe"?
  Ja, es ist komfortabel, direkt an der Waschmaschine einen kleinen Knopf zu haben, der sagt „Waschmittel kaufen". Der „Dash-Button" von Amazon beispielsweise bietet diese Funktion und ist damit sehr bequem. Allerdings haben wir in dem Moment des Kaufs keine Ahnung, zu welchem Preis überhaupt eingekauft wird. Wenn wir den Preis wissen möchten, müssen wir zum Handy oder Tablet gehen und nachsehen – und könnten gleich dort bestellen. Der Mehrwert eines Dash-Buttons kann also durchaus hinterfragt werden [dash1].
- Brauchen wir eine smarte Zahnbürste?
  Man kann darüber streiten, ob eine Zahnbürste unbedingt eine Verbindung zu einer App braucht. Man kann darüber streiten, ob unser Zahnarzt seine berufliche Erfüllung darin sieht, eine Zahnputz-App für uns zu justieren. Man kann darüber streiten, ob 200,- € ein angemessener Preis für eine Zahnbürste ist [zahn1].
- Brauchen wir eine smarte Haarbürste?
  Ja, Gesundheit ist wichtig. Das gilt auch für die Haargesundheit. Wir freuen uns, wenn unsere Haarbürste den Kämmvorgang untersucht, dabei auf Intensität, Rhythmus und Anzahl der Bürstenstriche achtet. Die Synchronisation mit einer Handy-App ist naheliegend. Dass eine Haarbürste dafür ein Mikrofon enthält, ist dann schlicht eine Notwendigkeit [haar1, haar2].

Wir können die aktuellen IoT-Angebote werten, wie es uns gefällt – von sinnvoll bis völlig lächerlich ist wohl alles vertreten. Als Laie ist eine vernünftige Strategie bei IoT-Geräten sicherlich durch einige Regeln gekennzeichnet:

- Keine **Vorreiterrolle**
  Wir müssen nicht unbedingt die Ersten sein, die einem Trend folgen. Es kann durchaus vernünftig sein, Erfahrungsberichte abzuwarten.
- **Notwendigkeit**
  „Weil's geht!" ist nicht unbedingt die passende Antwort auf die Frage, warum wir ein Gerät nutzen möchten. Es kann nicht schaden, den konkreten Sinn zu hinterfragen.
- **Internet** bleibt Internet
  Jedes Gerät, egal ob Notebook oder Haarbürste, das Zugang zu unserem Internet erhält, ist ein potenzieller Risikofaktor. Es benötigt unser WLAN-Passwort oder kommuniziert per Bluetooth mit dem Handy, muss regelmäßig mit Software-Updates versorgt werden usw.
  Die Gefahr ist groß, die kleinen und unauffälligen Geräte nicht als vollwertige Internetteilnehmer zu betrachten und deswegen nicht entsprechend sorgfältig für Updates zu sorgen – falls diese überhaupt angeboten werden. Insofern ist durchaus davon auszugehen, dass sich Schadsoftware in Zukunft zunehmend auf IoT-Geräten einnisten könnte.

Spielzeug
Kinderspielzeug nimmt in diesem Zusammenhang eine besonders sensible Rolle ein – schließlich genießen Kinder zu Recht einen besonderen Schutz. Spielzeug, das funkfähig ist und dazu geeignet ist, heimlich Bild- bzw. Tonaufnahmen anzufertigen, ist verboten. Dementsprechend wurden bereits Puppen von der Bundesnetzagentur aus dem Verkehr gezogen [cayl1].

Als Laie kommen wir vermutlich gar nicht auf die Idee, dass Spielzeug im Umlauf ist, das gar nicht zulässig ist. Folglich bleibt uns nur, vor dem Kauf von „smartem" Spielzeug eine kurze Internetrecherche zu starten und nach kritischen Kommentaren zu suchen, beispielsweise in der Tagespresse oder bei unabhängigen Tests, etwa seitens der Verbraucherzentralen.

Grundsätzlich stellt sich natürlich auch hier die Frage: Muss eine Puppe überhaupt „smart" sein?

Eltern befinden sich grundsätzlich in einer schwierigen Situation, müssen sie doch abwägen zwischen Schutz und Fürsorge für ihre Kinder auf der einen Seite und Respekt der Privatsphäre und Vermeidung übertriebener Überwachung auf der anderen. So wurde beispielsweise das „Schutzranzen"-Pilotprojekt in Wolfsburg aus Datenschutzgründen zunächst abgesagt: Hier sollten Kinder zum Schutz im Straßenverkehr einen GPS-Tracker bekommen [schr1]

3.10.14 Anonymisierung, Wiedererkennung, Lokalisierung

► *Nur noch inkognito?*

Selbst die schönste Verschlüsselung schützt unsere Daten nicht vollständig, es bleiben noch immer die Meta-Daten übrig: Wer kommuniziert wann mit wem? Diese Frage kann trotz Ende-zu-Ende-Verschlüsselung oft beantwortet werden.

Es ist daher nur konsequent, entsprechenden Wert auf Anonymität im Internet zu legen. Legale Anwendungsfälle wie ein ausgeprägtes Bedürfnis nach Datenschutz oder schlicht und ergreifend die Angst vor Repression finden sich hier ebenso wie illegale – natürlich ist Anonymität im Internet auch für Kriminelle attraktiv.

Die Funktion des „privaten Surfens“, die viele Browser anbieten, macht uns im Internet nicht anonym – wir benötigen also Alternativen.

Proxys

Die Idee eines Proxys besteht darin, Anfragen als Stellvertreter weiterzuleiten. Es gibt dabei Proxys, die die ursprüngliche IP-Adresse des anfragenden Rechners nicht weiterleiten, sondern nur ihre eigene IP-Adresse. Wenn wir also dem Proxy-Anbieter vertrauen, dann sind wir in diesem Fall insofern anonym, als die aufgerufene Webseite nicht erkennen kann, dass wir sie aufrufen – sie sieht schließlich nur die IP-Adresse des Proxys.

Eine einfache Möglichkeit, einen Proxy zu nutzen, bietet die Suchmaschine StartPage:

→ `https://www.startpage.com/`
(aufgerufen am 7.1.2018)

Hier kann ein Treffer der Ergebnisliste direkt angesurft werden. Zusätzlich besteht die Möglichkeit, die Seite über den Startpage-Proxy aufzurufen. In diesem Fall erhält der Seitenbetreiber unsere IP-Adresse nicht. Dieser Modus ist jedoch mit massiven Funktionseinschränkungen beispielsweise bei der Ausführung von Skripten verbunden, ist also für das alltägliche Surfen nur sehr eingeschränkt geeignet [staa1].

VPN

Virtuelle private Netzwerke (VPN, „Virtual private Network“) sind weniger darauf ausgelegt, uns zu anonymisieren. Ursprünglich ist das Konzept eher, eine sichere – also verschlüsselte – Verbindung aufzubauen, das ist beispielsweise in öffentlichen WLANs interessant.

Falls wir darauf vertrauen, dass der VPN-Betreiber unsere IP-Adresse nicht protokolliert, dann kann ein VPN auch zum anonymen Surfen genutzt werden.

Ein anderer Effekt ist, dass wir unseren Rechner virtuell an den Standort des VPN-Anbieters verlagern. Ein Seitenbetreiber kann damit nicht mehr ohne Weiteres unseren tatsächlichen Standort ermitteln.

Das Interesse an VPNs ist mittlerweile so groß, dass Browser-Hersteller beginnen, ein VPN-Angebot fest zu integrieren, so etwa beim Opera-Browser [vpno1].

Tor

Das „Tor“-Netzwerk dürfte die bekannteste Methode sein, anonym zu surfen – dahinter versteckt sich letztlich eine Reihe hintereinander geschalteter Proxys.

→ https://www.torproject.org/
(aufgerufen am 28.12.2017)

Die grobe Funktionsweise des Tor-Netzwerks sehen wir in Abb. 3.17.

Die grundsätzliche Idee besteht darin, den Datenverkehr über eine Reihe von Rechnern zu schicken, den „Knoten". Jeder dieser Knoten kennt nur seinen direkten Vorgänger und Nachfolger. Die Route wird in regelmäßigen Abständen dynamisch geändert. Auf diese Weise soll verschleiert werden, wer eine bestimmte Seite aufruft.

Diese Anonymisierung ist nicht zu verwechseln mit Verschlüsselung. Wenn statt einer verschlüsselten Verbindung (https://) eine unverschlüsselte Verbindung (http://) genutzt wird, kann nicht mehr ausgeschlossen werden, dass der Datenverkehr mitgelesen wird und gegebenenfalls tiefe Einblicke erlaubt.

Dem offensichtlichen Vorteil der Anonymisierung steht jedoch eine Reihe an Nachteilen gegenüber, so dass das Tor-Netzwerk in vielen Situationen ungeeignet erscheint:

Abb. 3.17 Funktionsweise von Tor

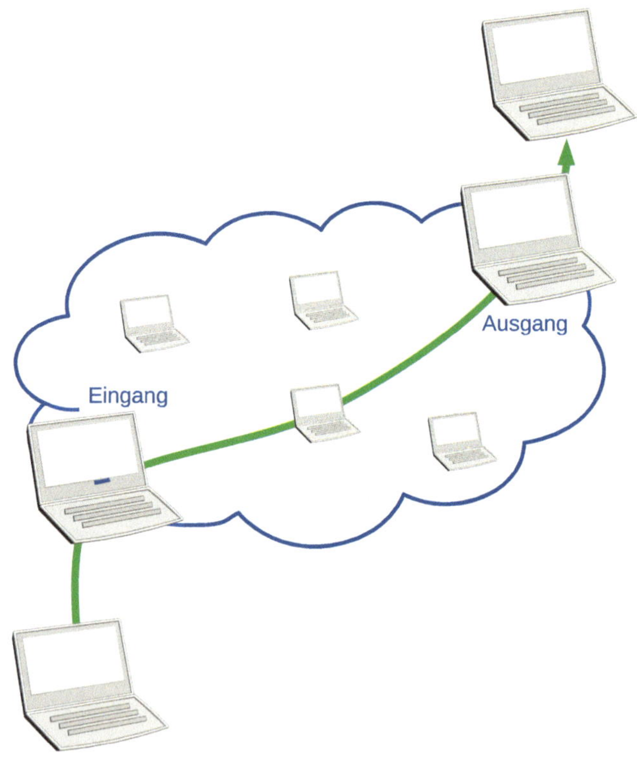

- **Performance**
  Die Umleitung des Verkehrs über mehrere Zwischenstationen kostet Performance. Folglich sind Tor-Verbindungen meist nicht so schnell, wie wir es normalerweise gewohnt sind. Allein dieser Aspekt macht das Tor-Netzwerk für das übliche, alltägliche Surfen ungeeignet.
- **Sicherheitslücken**
  Software ist fehlerhaft und wird gehackt. Es gibt keinen Grund, beim Tor-Netzwerk eine Ausnahme zu vermuten. So wurde im Oktober 2017 eine Lücke entdeckt, die unter Umständen die echte IP-Adresse des Surfers preisgibt [torb1].
- **Angriffe**
  Es wird immer wieder darüber spekuliert, wie viele der Tor-Knoten überwacht oder gar direkt von Nachrichtendiensten betrieben werden. Wenn jemand nur genügend Knoten unter seiner Kontrolle hätte, wäre eine De-Anonymisierung denkbar. Bemerkenswert in diesem Zusammenhang ist, dass das Tor-Netzwerk zu einem überwiegenden Teil direkt oder indirekt von der US-Regierung finanziert wird [torg1].

Wenn wir wirklich anonym surfen möchten, dann sollte uns klar sein, dass wir in einem technologischen Wettstreit stehen. Es lohnt sich, zu hinterfragen, ob sich die Mühe wirklich lohnt. Meist sind uns die Performance beim Surfen, geringe bzw. keine Kosten und uneingeschränkter Funktionsumfang wichtiger.

Wiedererkennung und Tracking
Vielleicht möchten wir mit „echter Anonymisierung“ gar nicht das ganz große Geschütz auffahren. Vielleicht genügt es uns, wenn ein Seitenbetreiber uns nicht über mehrere Aufrufe seines Angebots hinweg wiedererkennen kann – also „tracken“.

Unter „Wiedererkennung“ möchten wir hier nicht „Identifikation“ verstehen – diese ist beispielsweise durch die IP-Adresse prinzipiell gegeben, wenn auch aufwändig. Vielmehr verstehen wir hier unter „Wiedererkennung“, dass ein Seitenbetreiber problemlos und aufwandsarm erkennen kann, dass Besucher X, der in diesem Moment seine Seite besucht, der gleiche Besucher ist, der schon vor zwei Tagen auf seiner Seite war.

Unsere IP-Adresse eignet sich als Merkmal zur Wiedererkennung zwar hervorragend, allerdings nur für einen überschaubaren Zeitraum. Da wir als Endanwender meist nicht über eine eigene, feste IP-Adresse verfügen, ändert sich diese üblicherweise häufig. Allein anhand der IP-Adresse kann ein Anbieter uns also nicht unbedingt dauerhaft wiedererkennen.

Um Wiedererkennung zu vermeiden, können wir beispielsweise Cookies löschen, wie wir in Abschn. 3.10.7 gesehen haben.

Das führt aber nicht immer ans Ziel, denn mit Hilfe von verschiedenen „Fingerprinting“-Technologien wie Browser- oder Canvas-Fingerprinting können wir trotzdem ziemlich zuverlässig wiedererkannt werden. Letztlich hilft auch hier – bei Bedarf – die Nutzung des Tor-Systems [fing1, fing2]. Ein wirksamer Schutz vor Tracking bleibt aber eine anspruchsvolle und aufwändige Aufgabe.

Schließlich können wir in den Browser-Einstellungen „do not track“ aktivieren. Damit bitten wir den Seitenbetreiber, kein Profil von uns anzulegen. Dies ist jedoch in der Tat kein technischer Zwang, sondern lediglich eine höfliche Bitte, die ein Anbieter ignorieren kann. Twitter beispielsweise wertet die „do not track“-Einstellung nicht aus und kommuniziert das auch offen [dont1], die entsprechenden Vorgaben lassen sich in feinerer Granularität in den Twitter-Einstellungen vornehmen.

Identifikation unseres Systems
Es geht jedoch bei weitem nicht nur darum, unsere Identität geheim zu halten. Auch einige Systeminformationen können missbraucht werden. Unser Browser verrät beispielsweise:

> „Ich surfe auf einem Apple-Computer mit dem aktuellen Betriebssystem.“ [zend1]

Was könnte an dieser Auskunft schon sensibel sein?

Nun, diese Information wäre ein guter Anhaltspunkt für Preisdiskriminierung: Ein Händler könnte durchaus auf die Idee kommen, zu sagen: „Aha, ein Apple-Rechner mit aktuellem Betriebssystem, das ist nicht gerade billig. Offenbar hast Du Geld. Schön, dann verlange ich für mein Produkt doch gleich ein bisschen mehr von Dir.“

Gibt es Händler, die tatsächlich so vorgehen? Das wäre im Einzelfall zu beweisen. Im Zweifel können wir einen Freund besuchen und spaßeshalber das gleiche Angebot von einem anderen Rechner aufrufen. Mit einer uralten Linux-Version etwa? Vielleicht ist das Angebot dann günstiger. Offenbar haben wir ja wenig Geld zur Verfügung? Oder gar teurer? Der Händler will sich möglicherweise „schlechte Kunden“ vom Hals halten, die ohnehin nicht bezahlen können? Denkbar ist viel …

3.10.15 Vertrauens-Netzwerke

> *Wem Du vertraust, dem will auch ich vertrauen?*

Wir haben nun einige Einstellungen kennengelernt und in Abschn. 3.10.6 insbesondere auch gesehen, wie wir uns ungeliebte Fremdinhalte vom Hals halten können, die auch auf seriösen Seiten zu einer Bedrohung werden können: Bei einen „Drive-by“-Angriff genügt unter Umständen schon der simple Besuch einer Seite, um sich Schadsoftware einzufangen.

Was ist aber, wenn wir unbekannte Seiten besuchen?

Es ist nicht gerade der Sinn des Internet, ausschließlich Seiten aufzurufen, die man schon kennt. Sinnvoll wäre offenbar, bereits *vor* Besuch einer Seite zu wissen, ob sie seriös ist. Natürlich könnten wir jeweils eine Internetrecherche starten und lesen, was andere Anwender über die jeweilige Seite zu berichten haben – das dürfte aber wenig praktikabel sein. Komfortabler wäre sicherlich ein Automatismus.

Wenn wir mit uns selbst sehr streng sein möchten, dann können wir durchaus einen Mechanismus wie die Kindersicherung zweckentfremden und nur Seiten zulassen, die explizit erlaubt sind. Wir können zwar selbst entscheiden, welche Seiten wir zulassen, aber die eingebaute Hürde schützt vor unbedachten Klicks.

Wenn wir jedoch nicht so weit gehen möchten, uns selbst den Internetzugang zu blockieren, dann können wir uns auch auf Bewertungen anderer Nutzer stützen:

Eine der bekanntesten Bewertungs-Plattformen ist WoT („Web of Trust"). Sie stellt ein Browser-Plug-in zur Verfügung und kategorisiert Seiten basierend auf Anwender-Feedback. Die Ergebnisse werden in Form einer Ampel eingeblendet: Ist die Seite sicher? Sollte man vorsichtig sein? Ist sie gefährlich?

→ `https://www.mywot.com/`
Hier ist der Hersteller-Link angegeben, das Add-on installieren wir am komfortabelsten direkt im Browser.
(aufgerufen am 31.12.2017)

Hier tritt jedoch ein Datenschutzinteresse in Konkurrenz zu einem anderen – wir hatten etwas Vergleichbares schon bei E-Mails gesehen, dort ging es um den Konflikt zwischen Ende-zu-Ende-Verschlüsselung und anbieterseitigem Viren-Scan.

Wenn wir eine Bewertungs-Plattform nutzen, dann stehen wir vor einem ähnlichen Dilemma: Wir stellen dieser Plattform selbstverständlich eigene Daten zur Verfügung. Wenn wir eine Seite bewerten, dann werden wir sie offenbar besucht haben. Diese Daten sind durchaus interessant und können weiterverkauft werden – idealerweise anonymisiert, wenn überhaupt. Bei WoT ist es jedoch schon gelungen, weitergegebene Daten teilweise zu deanonymisieren [wot1].

Mittlerweile hat der Schutz des Anwenders vor unseriösen Webseiten einen so hohen Stellenwert, dass die Browser-Hersteller dazu übergehen, vergleichbare Funktionen direkt in den Browser zu integrieren, so dass zusätzliche Add-ons an Bedeutung verlieren [warn1, warn2].

3.11 Aktive Schnittstellen

► *Die sicherste Schnittstelle ist eine, die gar nicht existiert …*

… oder wenigstens deaktiviert ist. Insbesondere auf mobilen Geräten lohnt es sich, nicht ständig sämtliche Schnittstellen aktiv zu lassen – schließlich ist jede davon ein potenzieller Angriffspunkt.

Die klassische Mobilfunk-Verbindung für Telefonie und SMS ist auf einem Smartphone ebenso essenziell wie mobile Datendienste für E-Mail, Messenger, Surfen, Updates usw. Meist ist es nicht praktikabel, diese Dienste auszuschalten – hier könnten wir das Gerät auch gleich im Flugzeugmodus betreiben.

Smartphones bieten aber eine Reihe weiterer Schnittstellen, die je nach Nutzerverhalten selten bis gar nicht genutzt werden und daher – falls überhaupt vorhanden – gezielt ausgeschaltet werden können. Das ist nicht nur mit Blick auf den Datenschutz sinnvoll, auch unser Akku freut sich, wenn er weniger zu tun hat. Im Zweifel kann es nicht schaden, die Schnittstellen auf Verdacht zu deaktivieren und zu sehen, ob wir überhaupt eine Funktionseinschränkung wahrnehmen:

- **WLAN**
  Wenn wir nur das heimische und einige ausgesuchte WLANs nutzen und ansonsten mobile Datendienste verwenden, können wir WLAN oft deaktivieren.
- **Bluetooth**
  Wenn wir ständig per Bluetooth-Kopfhörer Musik hören, dann ist es nicht praktikabel, Bluetooth ständig ein- und auszuschalten. Andernfalls können wir auf diesen Dienst womöglich verzichten.
- **Ortungsdienste**
  Nutzen wir Ortungsdienste? Falls ja: Wie häufig? Es kann durchaus sinnvoll sein, Ortungsdienste zu deaktivieren bzw. nur bei Bedarf einzuschalten.
- **Sprachsteuerung**
  „Hey Google“ oder „Hallo Siri“? Wenn wir diese Kommandos nicht geben möchten, können wir auch die Spracherkennung ausschalten.
- **Tethering**
  Die Thethering-Funktion erlaubt es uns, die Internetverbindung des Smartphones anderen Geräten – etwa unserem Notebook – zur Verfügung zu stellen. Wir können also mit unserem Notebook ins Internet gehen, auch wenn gerade kein WLAN verfügbar ist; das Smartphone wird zum Hotspot. Benötigen wir diese Funktion überhaupt? Falls ja, dann bestimmt nicht allzu oft. Wir sollten Tethering also nur bei Bedarf aktivieren.
- **NFC**
  Einige Smartphones verfügen über NFC (Near Field Communication). Die Anwendungen sind vielfältig, beispielsweise kann das Handy als Autoschlüssel genutzt werden. Falls wir diese Funktion nicht oder nur selten nutzen, können wir sie standardmäßig ausschalten.

3.12 Desktop-Anwendungen und Apps

▶ *Den Feind nicht nachhause einladen!*

Anwendungen, die wir direkt auf unserem Rechner oder Mobilgerät installieren, haben weitreichende Zugriffsrechte – ebenso wie beispielsweise Browser-Add-ons. Das ist auch nötig, um beispielsweise Daten per Internet zu synchronisieren.

Wir sollen also vorsichtig sein, welche Anwendungen wir installieren und wichtige Regeln beachten:

- **Seriöse Quellen**
  Wir sollten Software nur aus seriösen Quellen installieren, wie wir bereits in Abschn. 3.2.3 gesehen haben.

- **Berechtigungen**
  Gerade auf Mobilgeräten haben wir gute Einstellmöglichkeiten, um die Berechtigungen einzelner Apps im Auge zu behalten. Benötigt eine App beispielsweise wirklich Zugriff auf das Mikrofon?

Spyware und Adware-Installer

Manche Download-Portale und auch manche Hersteller versehen ihre Software mit zusätzlichen Installern. Im Ergebnis werden neben der eigentlichen Software weitere Programme installiert. Das kann – beispielsweise im Fall von Werbung – eine durchaus legitime Einnahmequelle des Anbieters sein [adin1].

Es ist aber durchaus denkbar, diese Technik der „Huckepack-Installation" zu missbrauchen, um Software zu installieren, die deutlich mehr tut als lediglich halbwegs unerwünschte Werbung anzuzeigen. Das kann auf unseriösen Download-Portalen geschehen, ebenso kann eine seriöse Seite – etwa die des Anbieters – gehackt werden [bado2].

Bei großen und seriösen Download-Portalen wird manchmal explizit vor Adware-Installern gewarnt. Oft hilft auch ein Blick in die Bewertungen anderer Anwender, die ausdrücklich vor unerwünschter Software warnen, die huckepack installiert wurde.

Falls wir uns doch einmal einen solchen Adware-Installer eingefangen haben, helfen Werkzeuge wie AdwCleaner oder CCleaner, diese unerwünschten Gäste wieder los zu werden:

→ `https://www.malwarebytes.com/adwcleaner/`
→ `https://www.ccleaner.com/ccleaner`
(aufgerufen am 16.02.2018)

3.13 Schadensbegrenzung

► *Oh Schreck!*

Trotz aller Vorsicht gibt es keine hundertprozentige Sicherheit. Wir sollten also vorausschauend handeln und dafür sorgen, dass sich der Schaden im Fall der Fälle in Grenzen hält.

3.13.1 Anbieter-Hacks

► *Ups, … mir ist da was passiert …*

Fehler passieren. Software ist unsicher. Hacker sind schlau.

Letztlich ist es für uns zunächst unbedeutend, ob ein Anbieter gehackt wird oder mit den ihm anvertrauten Daten unvorsichtig umgeht, wie wir in Abschn. 3.1 gesehen haben.

Die Grenze ist ohnehin fließend und die Konsequenz die gleiche: Immer wieder geraten Daten in die falschen Hände und es wäre naiv, absolute Sicherheit zu fordern.

Wie kann man sich als Endanwender gegen solche Angriffe schützen? Offenbar gar nicht, denn es wurde ja nicht unser Rechner gehackt, sondern der des Dienstanbieters. Diesem Anbieter können wir natürlich enttäuscht den Rücken kehren – nicht selten eine sinnvolle Maßnahme, insbesondere wenn der Umgang mit Fehlern aus unserer Sicht nicht akzeptabel ist. Bezogen auf den bereits entstandenen Schaden können wir uns jedoch nur bemühen, die Konsequenzen im Griff zu behalten. Schadensbegrenzung ist das Ziel.

Gegen „Oh, tut uns leid, Ihre Daten waren leider ungeschützt im Internet zugreifbar." hilft tatsächlich nur Datensparsamkeit.

Gegen „Oh, tut uns leid, einem Hacker ist der Zugriff auf unsere Datenbank gelungen, folgende Informationen wurden erbeutet: ..." hilft Datensparsamkeit natürlich auch. Zusätzlich können wir – wenn wir schon den Hack nicht verhindern können – wenigstens die Auswirkungen auf uns persönlich in Grenzen halten.

Zuerst ist es wichtig, möglichst bald von einem erfolgreichen Angriff zu erfahren und insbesondere auch zu prüfen, ob wir selbst davon betroffen sind. Hier hilft beispielsweise die Seite „Have i been pwned?"

→ `https://haveibeenpwned.com/`
(aufgerufen am 27.12.2017)

Hier gibt man seinen Login-Namen ein – meist eine E-Mail-Adresse – und kann ermitteln, ob dieser Login in einem bekannt gewordenen Angriff auftaucht. Unser Passwort wird auf dieser Seite selbstverständlich *nicht* abgefragt.

Im Nachhinein, also nach Bekanntwerden des Angriffs, sollte natürlich schleunigst das Passwort geändert werden. Was aber ist mit der Zeit – im Fall des Yahoo-Hacks immerhin 3 Jahre – während derer der Angriff unentdeckt geblieben ist? Hier kann es helfen, Passwörter regelmäßig zu ändern, wie wir in Abschn. 3.3.4 gesehen haben. Mit etwas Glück haben wir das Passwort dann schon geändert, *bevor* die erbeuteten Zugangsdaten tatsächlich genutzt werden.

Auch wenn jedoch unsere Gegenmaßnahmen versagt haben und unsere Zugangsdaten tatsächlich missbraucht werden – so sollte der Schaden doch wenigstens auf den gehackten Account beschränkt bleiben. Hier zeigt sich, wie gefährlich es ist, Passwörter mehrfach für verschiedene Dienste zu verwenden. So verlockend es sein mag, sich nur wenige Passwörter zu merken, eine zentrale Sicherheitsstrategie ist und bleibt: Das gleiche Passwort sollte nur für einen einzigen Dienst genutzt werden.

Auch diese Strategie wird jedoch zunehmend schwieriger, denn die Zahl der Dienste wächst ständig – damit auch die Zahl der Angebote, die wir nutzen. Dementsprechend teilen sich immer mehr Dienste die Zugangsdaten und bieten beispielsweise den Login mit dem Facebook- oder Google Account an. Single-Sign-On kann deswegen interessant sein, der Anbieter sollte jedoch mit besonderer Vorsicht gewählt werden, wie wir in Abschn. 3.3.6 gesehen haben.

3.13.2 Identitäts-Diebstahl

▶ *Das war ich nicht!*

Der Diebstahl fremder Identitäten – also die missbräuchliche Nutzung persönlicher Daten anderer Menschen – ist eine Form der Kriminalität, die rasant wächst.

Die erste und effizienteste Sicherheitsvorkehrung ist Datensparsamkeit, wie wir in Abschn. 3.10.4 gesehen haben, ganz besonders mit Blick auf Fotos und Videos. Auch beim Verkauf eines gebrauchten Gerätes sollten wir darauf achten, nicht unsere komplette Identität – und wenn es „nur" die digitale ist – gleich mit zu verkaufen; damit werden wir uns in Abschn. 3.14 befassen.

Sollten wir trotz aller Vorsicht tatsächlich Opfer eines Identitäts-Diebstahls werden, sind einige Schritte unverzichtbar [iden1, iden2, iden3]:

- **Kontakt**
  Wir sollten umgehend Kontakt mit allen betroffenen Dienstanbietern, Banken etc. aufnehmen und den Sachverhalt klären.
- **Zugangsdaten**
  Wurde unsere Identität missbraucht, sind die betroffenen Zugangsdaten „verbrannt". Wie sollten umgehend die betroffenen Benutzernamen und insbesondere auch die dazugehörigen Passwörter ändern.
- **Quellensuche**
  Wenn möglich sollten wir klären: Wie kamen die Kriminellen an unsere Zugangsdaten? Sind wir auf eine Phishing-E-Mail hereingefallen? Hat sich ein Schadprogramm auf unserem Rechner eingenistet? Dementsprechend sollten wir den Virenscanner aktualisieren, das Gerät auf Werkseinstellungen zurücksetzen etc.
- **Strafanzeige**
  Wir sollten Strafanzeige stellen.

Zunächst gilt es natürlich, möglichst schnell von einem Identitäts-Diebstahl zu erfahren. Spätestens wenn wir den Verdacht haben, jemand könnte sich unserer Identität bedient haben, können wir einige Schritte durchführen:

- **Ego-Recherche**
  Eine Ego-Recherche in sozialen Netzwerken oder über die gängigen Suchmaschinen kann uns helfen, Informationen über „uns" zu finden.
- **Google Alerts**
  Google Alerts bietet uns die Möglichkeit, automatisch über neue Inhalte im Web informiert zu werden. Hier können wir einen Alert für unseren eigenen Namen einrichten.
- **Google Bildersuche**
  Die Bildersuche hilft uns, Vorkommen unserer Fotos zu entdecken.

- **Have I been pwned?**
  Der Dienst „Have i been pwned?" hilft uns, gehackte Zugangsdaten aufzuspüren. Sollte das passiert sein, ist es naheliegend, dass die erbeuteten Zugangsdaten bald missbraucht werden.
- **BSI Sicherheitstest**
  Auch das Bundesamt für Sicherheit in der Informationstechnik bietet einen Sicherheitscheck an.

→ `https://haveibeenpwned.com/`
→ `https://www.sicherheitstest.bsi.de/`
(aufgerufen am 09.02.2018)

3.13.3 Backups

▶ *Ein Backup ist gut, zwei sind besser, vier sind doppelt so gut wie zwei …*

Datenschutz bedeutet nicht nur, die eigenen Daten gegen unerwünschte Zugriffe zu schützen.

Wer hat nicht schon einmal aus Versehen eine Datei mit „Shift+Entfernen" gelöscht und hat dann gespürt, wie der Blutdruck steigt? Wenn das Notebook verloren geht, welches ist der größere Verlust: Das Gerät oder die darauf befindlichen Daten? Wenn wir uns trotz aller Vorsicht einen Verschlüsselungstrojaner eingefangen haben, was dann?

Daten wollen auch gegen Verlust, Zerstörung und versehentliches Löschen geschützt werden und die Lösung lautet seit jeher: Wir brauchen Sicherheitskopien. Wer keine Backups wichtiger Daten hat, handelt fahrlässig.

Teilweise macht uns die vernetzte Welt das Leben tatsächlich leichter: Wenn wir unsere Daten über ein Cloud-Laufwerk synchronisiert haben, dann müssen wir nach Verlust, Defekt oder Diebstahl eines Geräts nichts weiter tun, als die Synchronisation mit einem neuen Gerät zu starten und alle Daten sind wieder verfügbar.

Die Synchronisation schützt aber nicht in folgenden Fällen:

- Versehentliche Datei-Aktionen, die wir selbst durchgeführt haben.
- Verschlüsselung durch einen Verschlüsselungstrojaner. Mit etwas Pech werden dann ganz brav die durch den Trojaner verschlüsselten Daten synchronisiert.

Professionelle Backup-Strategien mit Deduplizierung, automatischer Erkennung einfacher Umbenennungen oder Verschiebungen, inkrementellen Backups usw. sind für uns meist nicht relevant, denn der Aufwand übersteigt oft den Nutzen.

Eine wesentliche Frage, die wir uns stellen müssen, lautet: Welche Daten sind überhaupt backup-würdig? Muss wirklich jeder Schnappschuss, jedes Party-Video, jede E-Mail gesichert sein?

Im Zeitalter der Cloud, in dem nicht nur Handys und Tablets, sondern sogar ausgewachsene Notebooks keinen USB-Anschluss mehr haben, dürfte klar sein: Der Backup in die Cloud ist die Zukunft, bei ausreichender Upload-Bandbreite und Verschlüsselung durchaus kein Schreckgespenst.

Wie wir einen Backup anlegen, das ist letztlich Geschmacksache, Hauptsache er existiert. Wir nutzen dabei soweit möglich Werkzeuge, die das System mitbringt, wie etwas Windows-Backup oder Time-Machine. Wenn wir unsere Daten an den üblichen Plätzen ablegen, dann ist dabei alles gesichert, von „echten" Daten bis hin zu individuellen Programm-Einstellungen. Die folgende Checkliste hilft uns, eine geeignete Backup-Strategie zu finden:

- **Automatismus**
  Werden unsere Daten regelmäßig automatisch gesichert? Der automatische Backup durch Cloud-Synchronisation ist oft die Basis. Ähnliches leistet ein lokales Backup-Programm, das regelmäßig läuft.
- **Eigenverschulden** und **Trojaner**
  Schützt unser Backup gegen versehentliches Löschen von Dateien oder Verschlüsselungstrojaner?

  Wenigstens hin und wieder sollte ein Backup auf einem Laufwerk erstellt werden, das *nicht* automatisch synchronisiert wird. Das hilft im Falle einer Infektion durch einen Verschlüsselungstrojaner. Dieses Laufwerk sollten wir im alltäglichen Betrieb gar nicht verbunden haben.

  Bei dem überschaubaren Datenvolumen, mit dem wir als normaler Anwender hantieren, lässt sich dieser Backup problemlos durch eine simple Kopie lösen.
- **Handarbeit**
  Wenn wir gerade an wichtigen Dateien arbeiten, dann können diese ausgesuchten, wenigen Dokumente, mit denen wir gerade beschäftigt sind, am einfachsten manuell per Kopie auf USB-Stick, NAS (Network Attachted Storage) oder Cloud-Laufwerk gesichert werden. So tut es der Autor mit diesem Text in diesem Moment.
- **Vollsicherung**
  Insbesondere Mobilgeräte können beim Anbieter gesichert werden, um so die Daten beispielsweise auf ein neues Gerät übertragen zu können. Vorher sollten wir aber prüfen, ob der Backup auch wirklich alle Daten beinhaltet. Falls Fotos und Videos beispielsweise weder im Backup enthalten sind, noch ohnehin in der Cloud liegen, sollten wir sie separat sichern – oder bei der Gelegenheit bewusst ausmisten.

3.13.4 Virtuelle Maschinen

► *New Game!*

Im Gegensatz zu vergangenen Tagen ist es heute nicht mehr nötig, massenhaft Programme und Tools zu installieren, um einen Rechner überhaupt sinnvoll nutzen zu können.

Vielleicht möchten wir einen anderen E-Mail-Client nutzen, einen anderen Browser, ein anderes Office-Paket. Vielleicht bearbeiten wir Fotos und verwenden auch dazu die Software unserer Wahl. Das ist oft schon alles. Hier können wir uns auf weit verbreitete und bekannte Angebote beschränken und diese aus seriösen Quellen laden.

Wenn wir aber experimentieren möchten und ständig mit dem Installieren und Deinstallieren von Programmen beschäftigt sind – nicht mehr unbedingt das typische Verhalten eines Endanwenders – , dann wird es Zeit, über die Nutzung einer virtuellen Maschine nachzudenken.

Etwas umständlich am Anfang können wir in dieser Umgebung weitgehend gefahrlos experimentieren. Falls eine Software unerwartet einen Spyware-Installer huckepack dabei hatte oder sonst irgendetwas schiefgeht, dann setzen wir unsere virtuelle Maschine einfach auf den letzten Snapshot zurück und die Welt ist, wie sie vorher war.

3.14 Verkauf eines Geräts

▶ *Gerät verkaufen, Daten behalten …*

Wenn wir heute ein gebrauchtes Gerät verkaufen oder verschenken möchten, dann sollten persönliche Daten gelöscht werden. Wir möchten schließlich nicht unsere Daten verkaufen, sondern nur das Gerät.

- Zuerst erstellen wir also eine Sicherung unserer Daten, wie wir es in Abschn. 3.13.3 gesehen haben.
- Wir entfernen alle Karten, insbesondere bei Mobilgeräten die SIM- und gegebenenfalls SD-Karte.
- Als nächstes kann es nicht schaden, unsere wesentlichen Daten zu löschen, also beispielsweise Fotos, Videos, Musik und Dokumente. Dabei achten wir darauf, dass wir die Dokumente nicht nur in den Papierkorb verschieben, sondern auch den Papierkorb leeren bzw. auf einem Mobilgerät die zuletzt gelöschten Dateien endgültig löschen.

  Wenn wir besonders vorsichtig sein möchten, dann können wir nun den verfügbaren Speicherplatz überschreiben. Dazu eignen sich Tools zum Testen von Datenträgern oder wir legen das Gerät einfach in den Keller und filmen eine dunkle Ecke, bis kein freier Speicher mehr verfügbar ist. Auf einem Desktop-Rechner können wir beispielsweise VeraCrypt nutzen, um eine möglichst große Containerdatei anzulegen. Diese unsinnigen Daten können wir danach gleich wieder löschen, ihr Sinn bestand lediglich darin, alte Daten echt zu überschreiben.

  Durch dieses Prozedere ist zwar nicht garantiert, dass auch der letzte Winkel des Speichers überschrieben wurde; es ist aber extrem unwahrscheinlich, dass sich noch Daten restaurieren lassen. Wenn wir den Mechanismen des Herstellers vertrauen, können wir uns diesen Schritt meistens ersparen.

- Nun melden wir das Gerät beim Anbieter ab sowie bei allen Diensten, bei denen es hinterlegt ist, wie etwa Medien- oder Messenger-Dienste.

  Es geht hier nicht darum, Accounts wie unseren Microsoft-, Apple- oder Google-Account komplett zu löschen. Wir möchten nur das jeweilige Gerät trennen.
- Wir löschen Verbindungen zu anderen Geräten.
- Schließlich setzen wir das Gerät auf Werkseinstellungen zurück.

  Und Windows installieren wir dazu das Betriebssystem neu, indem wir in den Einstellungen den PC zurücksetzen und dabei das Laufwerk vollständig bereinigen. Und macOS starten wir den Rechner neu und drücken beim Booten Befehlstaste+R, um dann das Startvolume zu löschen und das System neu zu installieren.

  Mobilgeräte, die mit Android oder iOS betrieben werden, lassen sich recht problemlos auf Werkseinstellungen zurücksetzen. Dazu brauchen wir nur in den Einstellungen den Punkt „Auf Werkseinstellungen zurücksetzen" zu wählen und die Löschung unserer persönlichen Daten zu bestätigen. Sicherheitshalber lassen wir das Gerät über Nacht an die Stromversorgung angeschlossen, so dass das Löschen des internen Speichers auch wirklich abgeschlossen wird.

3.15 Technische Grenzen

▶ *Es gibt Grenzen …*

Je höher unsere Ansprüche an den Datenschutz sind, desto aufwändiger und fehleranfälliger wird unser Vorgehen.

Teilweise macht uns auch das Betriebssystem einen Strich durch die Rechnung, oder das genutzte Dateisystem, letztendlich sogar die eingesetzte Hardware. Abschließend möchten wir uns nun einige Aspekte ansehen, die uns das Leben schwer machen können – bei genügend hohen Ansprüchen.

3.15.1 Betriebssystem und Dateisystem

▶ *Versteckspiel …*

Wir haben in Abschn. 3.5.2 VeraCrypt kennengelernt und damit verschlüsselte Container erstellt. Eine Funktion, die in manchen Situationen durchaus charmant sein kann, ist das Konzept des versteckten Laufwerks („hidden volume"). Hier werden Daten nicht nur verschlüsselt, sondern zusätzlich versteckt.

Technisch werden dazu innerhalb der Containerdatei *zwei* Dateisysteme abgelegt:

- Das sichtbare Archiv mit seinem Passwort.
- Das unsichtbare Archiv mit separatem Passwort.

  Dieses Archiv liegt innerhalb der Containerdatei in einem Bereich, der vom sichtbaren Archiv nicht genutzt ist.

Wenn man jedoch in einer Containerdatei ein verstecktes Laufwerk anlegt, dann sollte man Vorsicht walten lassen:

- Das schönste versteckte Laufwerk hilft uns nichts, wenn ein Anwendungsprogramm oder das Betriebssystem in aller Öffentlichkeit – also im unverschlüsselten Bereich des Systems, in unserem Benutzerordner oder auch im Temporär-Verzeichnis – Informationen ablegt wie etwa die Liste der zuletzt geöffneten Dateien, regelmäßig angelegte Sicherheitskopien usw.
- Viele moderne Dateisysteme nutzen das sogenannte „Journaling". Dieses Konzept hilft, unsere Daten auch über einen Stromausfall hinweg konsistent zu halten. Dabei wird jedoch Buch geführt über die letzten Dateizugriffe. Wenn nun der letzte Schreibzugriff auf unseren Datenträger in einem versteckten Laufwerk innerhalb eines Dateicontainers durchgeführt wurde, dann haben wir kein plausibles Argument mehr, warum wir Schreibzugriffe in Bereichen haben, die doch eigentlich leer sein sollten. Dieses Problem ist in Abb. 3.18 dargestellt.

Wir sehen hier, dass fortgeschrittene Sicherheitskonzepte oft auch sehr fehleranfällig sind und mit viel Vorsicht zu nutzen sind.

Die entscheidende Frage ist: Lohnt sich der Aufwand?

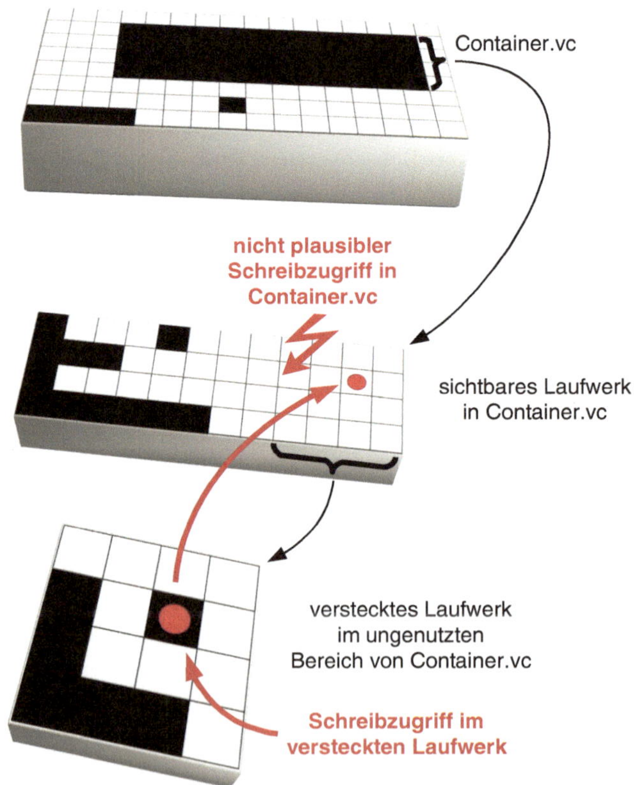

Abb. 3.18 Versteckte Laufwerke mit VeraCrypt

Tab. 3.2 Dateisysteme

Dateisystem	vorwiegend genutzt in	Journaling?
FAT32, ExFat	von vielen Systemen unterstützt	Nein
NTFS	Windows	Ja
HFS+ (macOS Extended)	macOS	Ja
APFS	macOS seit Version 10.13	Ja
EXT3/EXT4	Linux und Netzwerkspeicher	Ja

Da die Journaling-Funktion eines Dateisystems im Zweifelsfall verräterisch ist, möchten wir uns in Tab. 3.2 eine Übersicht der wichtigsten Dateisysteme auf Desktop-Rechnern ansehen.

Wir erkennen hier, dass quasi jeder moderne Desktop-Rechner ein Journaling-Dateisystem nutzt, nicht ohne Grund.

3.15.2 Hardware

▶ *Gelöscht ist … wieder da!*

Das herkömmliche Löschen einer Datei überschreibt deren Inhalt nicht, sondern löscht nur einen Eintrag aus der Zugriffsliste des Dateisystems. Die Daten lassen sich ohne allzu viel Mühe wiederherstellen. Aus diesem Grund sollten datenschutzrelevante Informationen „sicher" gelöscht werden, was nichts anderes bedeutet als: Der genutzte Speicherbereich muss überschrieben werden.

Jeder moderne Rechner nutzt heute Flash-Speicher, Mobilgeräte tun das ohnehin. Klassische Festplatten werden nur noch in Rechenzentren oder im heimischen Netzwerkspeicher eingesetzt – schließlich sind Festplatten noch immer deutlich günstiger als SSDs.

In SSDs kommt aber eine Technologie zum Einsatz, die den Verschließ einzelner Speicherchips gleichmäßig verteilen soll („Wear-Leveling"). Dazu kommt eine bewährte Technik zum Einsatz: Die SSD wird mit Reserve-Sektoren ausgestattet („Overprovisioning").

Für uns bedeutet das: Die SSD verfügt physikalisch über mehr Speicher, als wir nutzen können. Wir bekommen davon überhaupt nichts mit, die Speicher werden bei Bedarf umgeschaltet. Dadurch wird es aber für Anwendersoftware und sogar für das Betriebssystem unmöglich, gezielt bestimmte Speicherzellen anzusprechen – ein „sicheres Löschen" einer Datei durch Überschreiben ist schlicht nicht mehr möglich, wie in Abb. 3.19 dargestellt.

Es kann also passieren, dass beim „Überschreiben" sensibler Daten tatsächlich ein Teil der Information erhalten bleibt. Um dies zu umgehen, bleibt nichts anderes übrig, als die gesamte SSD mehrfach zu überschreiben, in der Hoffnung, dass irgendwann alle Bereiche gelöscht wurden. Selbst das bietet keine absolute Sicherheit, sondern reduziert nur die Wahrscheinlichkeit, dass Daten auf der SSD verbleiben.

Alternativ kann eine SSD mit einem speziellen Befehl vollständig gelöscht werden. Um diesen Befehl auszuführen, benötigen wir aber meist spezielle Herstellersoftware und müssen, um das Systemlaufwerk löschen zu können, von einem separaten Datenträger booten – eine einigermaßen aufwändige Aktion, die insbesondere auf einem Handy kaum

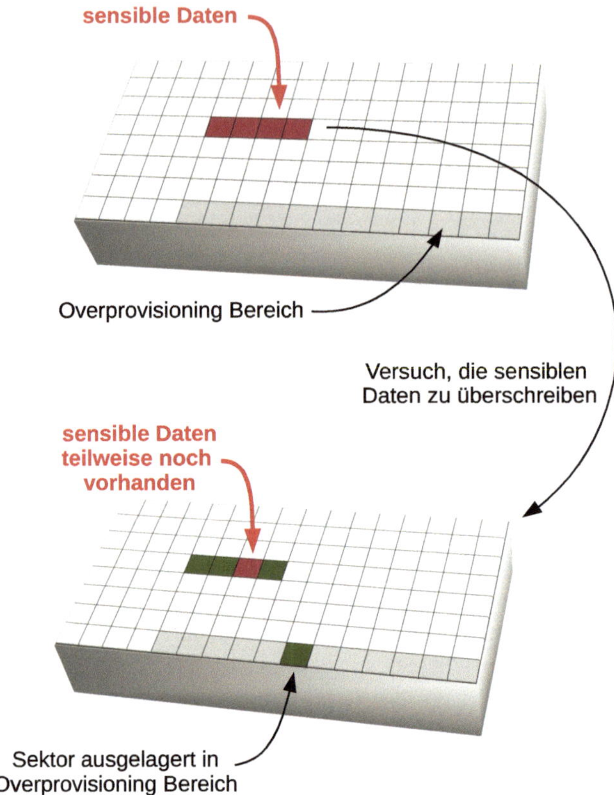

Abb. 3.19 Overprovisioning auf Flash-Speichern

umsetzbar ist. Wirkliche Sicherheit bietet ansonsten nur die physikalische Zerstörung des Flash-Speichers, was ökonomisch und ökologisch bedenklich ist.

Am einfachsten umgehen wir dieses Problem, indem wir von Anfang an sensible Daten nur verschlüsselt ablegen.

Das Konzept der Reserve-Sektoren und damit verbunden die Schwierigkeit, Daten sicher zu überschreiben, existiert in ähnlicher Form auch bei Festplatten.

Um diesen Effekt auszunutzen, müsste ein Angreifer die einzelnen Speicherchips aus der SSD entnehmen und am Controller vorbei direkt darauf zugreifen. Das ist möglich. Wir sollten uns aber ernsthaft die Frage stellen: Sind wir für eine solche Aktion wirklich wichtig genug? Ist es auch nur im Entferntesten plausibel, dass sich irgendjemand so viel Mühe gibt, um an unsere Daten zu gelangen? Der übliche Käufer unseres Gebraucht-Notebooks bei eBay dürfte dafür kaum in Frage kommen.

… Keine Paranoia!

3.16 AGBs

Was wäre die Welt ohne Kleingedrucktes?

Nun möchten wir noch einen kurzen – und eher schüchternen – Blick auf die AGBs unserer Dienstanbieter werfen.

Wenn wir schon „AGBs“ lesen, dann dürften sich die Augen reflexartig und einigermaßen entnervt gen Himmel drehen. Wir möchten hier auf juristische Analysen verzichten – bei allen technischen Themen hatten wir uns bewusst für überschaubare, einfache und praktikable Lösungen interessiert. AGBs sind selten überschaubar und der Gedanke, sie könnten einfach verständlich sein, wirkt in vielen Fällen eher zynisch. Nicht selten wird auch in Frage gestellt, ob bestimmte AGBs überhaupt mit unserem geltenden Recht vereinbar sind – wieder ein juristisches Thema.

Es würde ein eigenes Buch füllen, sich mit der Problematik von AGBs zu befassen, deswegen sei hier nur ein einziges exemplarisches Beispiel genannt, die Einräumung von Nutzungsrechten:

Wenn wir Daten verarbeiten wollen, muss der Dienstanbieter Rechte an diesen Daten erhalten. Das ist banal, beispielsweise muss der Cloud-Anbieter das Recht haben, die Daten auf seinen Systemen zu speichern, um sie uns später wieder zur Verfügung stellen zu können. Ob und in welchem Umfang sich Dienste weitere Rechte einräumen lassen, bleibt zu prüfen – oder pauschal zu akzeptieren. Mancher Profi-Fotograf dürfte beispielsweise ein Problem mit der Einräumung von Nutzungsrechten an hochgeladenem Material haben, die Facebook fordert: Ein Verkauf der Exklusivrechte an seinen Arbeiten wird schwierig [fbfo1].

Ja, wir sollten AGBs aufmerksam lesen. Nein, wir tun das oft nicht – zu lang und unverständlich sind sie meist. Bevor wir AGBs aber völlig ignorieren, sollten wir wenigstens eine kleine Web-Recherche starten: Wenn wir einfach nach dem Namen des Dienstanbieters und „AGB“ suchen, finden wir schnell entsprechende Presseberichte. Wir können hoffen, dass bedeutsame AGB-Klauseln, die nachteilig für den Verbraucher sind, in der Fachpresse oder auch der Tagespresse diskutiert werden. Wenn also nicht gerade eine brandneue AGB-Änderung vorgenommen wurde, dann haben wir gute Chancen, wesentliche Inhalte auf diesem Weg zu erfahren.

3.17 Die Vertrauensfrage

Vertrauen ist gut, Kontrolle ist besser…

… das mag sein, doch wie genau sollen wir als Laie unsere Dienstanbieter kontrollieren? Wie können wir entscheiden, wem wir vertrauen können?

Qual der Wahl oder Wahl der Qual?

Unser Desktop-Rechner läuft unter Windows oder macOS – also müssen wir Microsoft oder Apple vertrauen. Unser Handy läuft unter Android oder iOS – also vertrauen wir

Google oder Apple. Es gibt zwar Alternativen, die meisten sind für den Laien aber kaum praktikabel – die genannten Systeme decken einen großen Teil des Marktes ab.

Insofern haben wir hier keine große Auswahl und können höchstens die Nutzung von Rechner, Notebook und Handy komplett verweigern – in den meisten Fällen wohl die Wahl der größeren Qual.

Die Fragen „Windows oder macOS?“ und „Android oder iOS?“ beantworten wir anhand zahlreicher Kriterien, Datenschutz ist sicherlich nur eines von vielen. Entscheidender dürfte in der Regel sein: Womit kennen wir uns selbst aus? Was wird in unserem Bekanntenkreis genutzt? Was gefällt uns besser?

Auch wenn die Platzhirsche in aller Munde sind: Bei Anbietern von Software oder Internetdiensten ebenso wie bei etwa Geräte-Herstellern von SmartTVs haben wir eine deutlich größere Auswahl, mehrere Beispiele haben wir gesehen. Einige Kriterien erleichtern uns hier die Entscheidung für einen Anbieter.

Inland oder Ausland?

Grundsätzlich ist es sicherlich nicht Sinn der Sache, sich in der digitalen Welt mit aller Gewalt auf nationale Anbieter zu beschränken – nicht umsonst steht das erste „W“ in „WWW“ für „World“.

Trotzdem ist die Welt um einiges einfacher, wenn wir bezüglich sensibler Daten fragen: Wo sitzt der Anbieter? Wo werden die Daten verarbeitet? Wo ist das Rechenzentrum? Wenn all diese Fragen mit „im Inland“ beantwortet werden, dann wissen wir zumindest, welche gesetzlichen Grundlagen gelten – das kann nicht schaden.

Audit macht Software gut?

Je kritischer eine Software oder ein Dienst ist, desto größer stehen die Chancen, dass ein Audit von unabhängiger Stelle durchgeführt wird.

Trotzdem sollten wir uns hier nicht in falscher Sicherheit wiegen: Ein Audit schadet wohl nicht, sondern *kann* sehr wertvoll sein. Ein Audit gibt uns aber keine absolute Sicherheit und gestaltet sich insbesondere dann manchmal schwierig, wenn der Source-Code der zu testenden Software nicht verfügbar ist.

Beispielsweise das „besondere elektronische Anwaltspostfach“ (beA) konnte nicht wie geplant starten, denn es war tatsächlich „besonders“ – jedoch anders als gedacht: Trotz eines erfolgreichen Audits traten einige Schwächen zu Tage [beap1, beap2, beap3].

Eigene Recherche

So simpel wie sinnvoll: Eine kurze Internetrecherche ist immer ratsam. Sie fördert zumindest diejenigen Probleme schnell zu Tage, die so groß und schwerwiegend genug sind, um Erwähnung in der Presse zu finden.

Die Zeit heilt alle Wunden

Das mag sein, wichtiger ist jedoch: Die Zeit fördert die Wahrheit zu Tage. Von grundlegenden konzeptionellen Schwächen über völlig unterschiedliche Vorstellungen von Datenschutz bis hin zu Fehlern in der Implementierung: Probleme kommen früher oder später meistens ans Licht und werden behoben – hoffentlich. Zumindest werden sie bekannt.

Für uns als Laien bedeutet das im Wesentlichen: Abwarten!

Die Rolle des „early Adopter", der sofort auf jeden neuen Trend aufspringt, können wir getrost anderen überlassen – insbesondere Anwendern mit tief gehendem technischen Know-how.

Wir sollten abwarten, bis ein Dienst sich etabliert hat, bis er von Fachleuten analysiert wurde und nicht zuletzt den besten verfügbaren Test überhaupt durchlaufen hat: den realen Praxis-Einsatz.

Lassen wir also die Zeit Kinderkrankheiten und auch größere Wunden heilen.

3.18 Die echte Welt

Ganz ohne Bits und Bytes?

Wenn wir heute von „Datenschutz" sprechen, dann meinen wir meistens die digitale Welt. Das muss aber nicht sein, Datenschutz beginnt nicht erst beim Handy und endet nicht schon am heimischen PC. Auch im „analogen" Alltag werden wir ständig mit Fragen des Datenschutzes konfrontiert.

Die Beispiele sind vielfältig, beginnend bei wenig seriösen Gewinnspielen, deren Ziel vermutlich darin besteht, an möglichst viele persönliche Daten heranzukommen – während ein Lotto-Schein jederzeit anonym ausgefüllt werden kann.

Vereinfacht gesagt gelten hier die gleichen Regeln wie in der digitalen Welt; wir sollten uns einige Fragen stellen:

- Hat unser Gegenüber irgendein nachvollziehbares Interesse an den Informationen, die er gerade von uns haben möchte?
- Wenn wir schon persönliche Daten preisgeben … stimmt die Gegenleistung?
- Interessiert uns das Angebot überhaupt oder werden wir überrumpelt?

Je nach Sensibilität der Information schadet eine gesunde Portion an Misstrauen nicht.

3.18.1 Skimming

Dürfte ich bitte Ihre PIN haben?

Unter Skimming wird das Abschöpfen von Daten elektronischer Zahlungskarten verstanden – es ist gewissermaßen das „analoge Pendant" zur KeyLogger-Schadsoftware auf unserem PC, die die Eingabe einer PIN mitschneidet.

Hier werden beispielsweise manipulierte Kartenschlitze an Geldautomaten montiert und unsere PIN-Eingabe gefilmt oder mit Hilfe manipulierter Tastaturen aufgezeichnet.

Der Schaden kann enorm sein, bleibt aber in der Regel nicht am Verbraucher hängen – so weit die gute Nachricht. Den damit verbundenen Ärger sparen wir uns nach Möglichkeit trotzdem und gehen hier wie beim Online-Banking mit maximaler Vorsicht ans Werk:

Wackelige Kartenschlitze oder Tastaturen sind genauso verdächtig wie jemand, der auf Tuchfühlung hinter uns steht und unbedingt beim Eingeben der PIN zusehen möchte. Auch eine PIN-Eingabe am Türöffner ist ein deutliches Warnsignal: Banken fragen die PIN nur am Geldautomaten ab, nicht bereits beim Zutritt zu den Geschäftsräumen [skim1, skim2].

3.18.2 Bonus-Programme

▶ *Bonus oder Malus?*

„Sammeln Sie Punkte?"

Diese Frage dürfte jeder schon einmal beim Bezahlen gehört haben. Verständlicher wäre vielleicht die Frage:

„Bezahlen Sie lieber mit Ihren Daten?"

Diese Frage wird man selten hören – sie klingt einfach nicht so nett. Bonus-Programme werden immer wieder von Verbraucherschützern kritisiert: Einerseits ist ein Einkauf unter Verwendung einer Rabatt-Karte nicht mehr anonym, es lässt sich also ein Kundenprofil anlegen. Andererseits ist der tatsächliche wirtschaftliche Nutzen oft minimal, die Rabatte gering [punk1].

Im ungünstigsten Fall bezahlen wir also nicht einmal mit unseren Daten, sondern legen sie als Fast-gratis-Beigabe freiwillig auf den Kaufpreis. Letztlich wird dabei nur unser Spiel- und Sammeltrieb befriedigt … oder ausgenutzt.

„Bezahlen Sie lieber mit Ihren Daten?"

Ja, warum nicht? Natürlich kann man das bejahen, das sollte aber bewusst geschehen; die Gegenleistung sollte stimmen. Wie auch immer wir uns hier entscheiden, eines ist klar:

Daten sind ein wichtiger Rohstoff und, in zunehmendem Maße, eine Währung – die man nicht unbedingt verschenken muss.

3.19 Tagesaktuelle Informationsquellen und Links

▶ *Morgen wird heute gestern sein …*

Wir haben uns nun einige Alltagssituationen angesehen und untersucht, wie wir unsere Daten ohne viel Aufwand schützen können. Abschließend bleibt die Frage zu klären: Wo erhalten wir aktuelle Informationen? Wie erfahren wir von Sicherheitslücken? Wo bekommen wir Hilfe?

Hier eine Liste wichtiger Informationsquellen, die ohne tief gehende Sachkenntnis genutzt werden können:

Update-Meldungen

Zumindest jede Hard- und Software, die direkt das Internet nutzt, sollte auf dem neuesten Stand sein. Sicherheitsupdates sollten zügig eingespielt werden. Das betrifft in erster Linie die Firmware des Routers, das Betriebssystem selbst sowie alle Internet-Anwendungen wie beispielsweise den E-Mail-Client oder den Browser, Synchronisations-Dienste wie Dropbox oder darauf aufbauende Software wie BoxCryptor.

„Never touch a running system" ist eine Regel aus alten Zeiten, in einer vernetzten Welt ist sie leider nicht mehr angemessen.

Die Anwendungen sollten uns heute selbstständig auf verfügbare Updates hinweisen.

Wenn eine Anwendung nicht mehr gepflegt und weiterentwickelt wird und nicht einmal mehr Sicherheits-Updates zur Verfügung gestellt werden, dann ist es allerhöchste Zeit, nach einer Alternative zu suchen.

Security-Meldungen und -Hinweise der Behörden

Deutsche Behörden richten sich mit ihren IT-Sicherheitshinweisen keineswegs nur an andere Behörden oder Unternehmen, die über eine professionelle IT-Infrastruktur und entsprechend geschultes Personal verfügen. Es gibt gute Angebote, die direkt auf den Endanwender – also den Laien – zugeschnitten sind oder zumindest ohne Experten-Kenntnisse nutzbar sind, beispielsweise:

Info-Seite des Bundesbeauftragten für den Datenschutz und die Informationssicherheit:

→ `https://www.bfdi.bund.de/DE/Datenschutz/datenschutz-node.html`
(aufgerufen am 27.12.2017)

Bürger-Seite des BSI (Bundesamts für Sicherheit in der Informationstechnik):

→ `https://www.bsi-fuer-buerger.de`
(aufgerufen am 27.12.2017)

Empfehlungen des BSI:

→ `https://www.bsi-fuer-buerger.de/BSIFB/DE/Empfehlungen/empfehlungen_node.html`
(aufgerufen am 27.12.2017)

Sicherheitshinweise des Bürger-CERT (Computer Emergency Response Team des BSI):

→ `https://www.bsi-fuer-buerger.de/BSIFB/DE/Service/Buerger-CERT/Sicherheitshinweise/Sicherheitshinweise_node.html`
(aufgerufen am 27.12.2017)

Kurz-Infos des CERT:

→ `https://www.cert-bund.de/overview/AdvisoryShort`
(aufgerufen am 27.12.2017)

Schwachstellen-Ampel des CERT:

→ `https://www.cert-bund.de/schwachstellenampel`
(aufgerufen am 27.12.2017)

Fachpresse
Auch die Fachpresse liefert in ihren Newstickern tagesaktuelle Informationen, beispielsweise:

heise Security-Seite:

→ `https://www.heise.de/security/`
(aufgerufen am 27.12.2017)

Golem Security-Seite:

→ `https://www.golem.de/specials/security/`
(aufgerufen am 27.12.2017)

ZDNet Security-Seite:

→ `https://www.zdnet.de/kategorie/security/`
(aufgerufen am 27.12.2017)

Sicherheits-Checks
Have i been pwned?

→ `https://haveibeenpwned.com/`
(aufgerufen am 09.02.2018)

Sicherheitstest des BSI:

→ `https://www.sicherheitstest.bsi.de/`
(aufgerufen am 09.02.2018)

Tipps, Tricks und Tools
Webhygiene:

→ `https://www.webhygiene.de/`
(aufgerufen am 07.02.2018)

Datenschutz und Bürgerrechte in der digitalen Welt
Eher politische Informationen finden wir auf zahlreichen Seiten, beispielsweise:

Netzpolitik.org:

→ `https://netzpolitik.org/`
(aufgerufen am 27.12.2017)

Digital Courage:

→ `https://digitalcourage.de/`
(aufgerufen am 27.12.2017)

Literatur

[yaho1] aufgerufen am 27.12.2017: https://www.oath.com/press/yahoo-provides-notice-to-additional-users-affected-by-previously/

[yaho2] aufgerufen am 27.12.2017: https://arstechnica.com/information-technology/2017/10/yahoo-says-all-3-billion-accounts-were-compromised-in-2013-hack/

[yaho3] aufgerufen am 27.12.2017: https://www.reuters.com/article/us-yahoo-cyber/yahoo-says-all-3-billion-accounts-hacked-in-2013-data-theft-idUSKCN1C82O1

[mil1] aufgerufen am 27.12.2017: https://www.upguard.com/breaches/cloud-leak-centcom

[mil2] aufgerufen am 27.12.2017: http://money.cnn.com/2017/11/17/technology/centcom-data-exposed/

[mil3] aufgerufen am 29.12.2017: https://www.infosecurity-magazine.com/news/us-army-exposes-terabytes/

[bled1] aufgerufen am 27.12.2017: https://www.heise.de/security/meldung/Heartbleed-OpenSSL-hoert-nicht-auf-zu-bluten-3605222.html

[ngea1] aufgerufen am 27.12.2017: https://www.heise.de/security/meldung/Netgear-Router-trivial-angreifbar-noch-kein-Patch-in-Sicht-3568679.html

[krak1] aufgerufen am 27.12.2017: https://www.heise.de/security/meldung/WPA2-Forscher-entdecken-Schwachstelle-in-WLAN-Verschluesselung-3862379.html

[schn1] aufgerufen am 27.12.2017:Beitrag „Heartbleed“ im Blog „Schneier on Security“ von Bruce Schneier

[bled2] aufgerufen am 27.12.2017: https://www.bsi.bund.de/DE/Presse/Pressemitteilungen/Presse2014/Heartbleed_Bug_16042014.html

[krak2] aufgerufen am 27.12.2017: https://www.heise.de/security/meldung/Die-KRACK-Attacke-Gefahr-und-Schutz-eine-Einschaetzung-3863943.html

[melt1] aufgerufen am 05.01.2018: http://www.zeit.de/digital/internet/2018-01/meltdown-sprectre-prozessoren-sicherheitsluecke-intel-smartphone-computer-datensicherheit-hacking/komplettansicht

[what1] aufgerufen am 05.01.2018: https://www.whatsapp.com/legal/?l=de#terms-of-service

[what2] aufgerufen am 05.01.2018: https://www.golem.de/news/auslesen-von-kontaktliste-datenschuetzer-haelt-whatsapp-agb-fuer-unwirksam-1609-123056.html

[fbli1] aufgerufen am 05.01.2018: http://www.spiegel.de/netzwelt/web/facebook-studie-likes-enthuellen-persoenlichkeit-a-888151.html

[fbli2] aufgerufen am 05.01.2018: http://www.spektrum.de/news/was-facebook-likes-ueber-uns-verraten/1326951

[leno1] aufgerufen am 28.12.2017: https://www.golem.de/news/adware-lenovo-zahlt-millionenstrafe-wegen-superfish-1709-129903.html

[leno2] aufgerufen am 28.12.2017: http://www.spiegel.de/netzwelt/gadgets/superfish-und-lenovo-vorinstallierte-adware-gefaehrdet-laptops-a-1019312.html

[leno3] aufgerufen am 28.12.2017: https://www.theverge.com/2017/9/6/16261988/lenovo-adware-superfish-settlement-fine-state-ag

[dell1] aufgerufen am 28.12.2017: https://www.golem.de/news/gefaehrliches-root-zertifikat-https-verschluesselung-von-dell-nutzern-gefaehrdet-1511-117585.html

[dell2] aufgerufen am 28.12.2017: http://www.zdnet.de/88252745/weiteres-gefaehrliches-root-zertifikat-von-dell-entdeckt-update/

[dell3] aufgerufen am 28.12.2017: https://t3n.de/news/schwere-sicherheitsluecke-dell-root-zertifikat-659697/

[andr1] aufgerufen am 28.12.2017: https://www.golem.de/news/auch-bei-amazon-android-smartphones-mit-vorinstallierter-malware-im-umlauf-1708-129269.html

[andr2] aufgerufen am 28.12.2017: http://www.zdnet.de/88289706/android-smartphones-check-point-warnt-vor-vorinstallierter-malware/

[andr3] aufgerufen am 28.12.2017: https://www.netzwelt.de/news/160445-android-smartphones-vorinstallierter-malware-verkauft.html

[fern1] aufgerufen am 17.01.2018: https://www.heise.de/mac-and-i/meldung/iPhone-per-iCloud-von-Erpressern-gesperrt-Was-Sie-tun-koennen-3792169.html

[stor1] aufgerufen am 27.12.2017: https://techcrunch.com/2017/12/11/apple-knockoff-myetherwallet-ios/

[bado1] aufgerufen am 02.01.2018: https://www.heise.de/mac-and-i/meldung/Mac-Shareware-Downloads-mit-signiertem-Trojaner-3867420.html

[prot1] aufgerufen am 27.12.2017: https://www.heise.de/ct/ausgabe/2017-20-Mehr-Sicherheit-unter-Windows-durch-gezieltes-Deaktivieren-unnoetiger-Funktionen-3827057.html

[vir1] aufgerufen am 27.12.2017: https://www.golem.de/news/antivirus-microsoft-bringt-extra-patch-fuer-kritische-luecke-in-defender-1712-131569.html

[virn1] aufgerufen am 27.12.2017: https://www.wired.de/collection/tech/ausschalten-entwickler-warnen-vor-antivirus-programmen

[safe1] aufgerufen am 27.12.2017: https://www.heise.de/security/meldung/Einbruch-bei-Passwort-Manager-OneLogin-3733572.html

[veri1] aufgerufen am 27.12.2017: https://verimi.de/

[bdru1] aufgerufen am 27.12.2017: https://www.bundesdruckerei.de/de/Newsroom/Pressemitteilungen/verimi-startet-zum-Jahreswechsel

[alt1] aufgerufen am 27.12.2017: https://newsroom.web.de/2017/07/28/mediengruppe-rtl-deutschland-prosiebensat-1-und-united-internet-formieren-log-in-allianz-zalando-erster-partner/

[vmmc1] aufgerufen am 08.02.2018: http://www.sueddeutsche.de/digital/datenschutz-im-mobilfunk-wir-die-telekom-und-vodafone-passwoerter-ueberfluessig-machen-wollen-1.3859728

[vaud1] aufgerufen am 27.12.2017: https://ostif.org/the-veracrypt-audit-results/

[unit1] aufgerufen am 04.01.2018: https://www.unitymedia.de/privatkunden/internet/unitymedia-wifispot/wifi-fuer-unsere-kunden/

[gwcr1] aufgerufen am 27.12.2017: https://hilfe.gmx.net/cloud/tresor/index.html

[post1] aufgerufen am 07.02.2018: https://posteo.de/site/verschluesselung#transportweg

[morg1] aufgerufen am 07.02.2018: https://mailbox.org/sicherheit-privacy-bei-mailbox-org/

[demz1] aufgerufen am 27.12.2017: http://www.zeit.de/digital/2015-03/de-mail-verschluesselung

[epdf1] aufgerufen am 27.12.2017: https://www.heise.de/security/meldung/Erpressungstrojaner-Jaff-Vorsicht-vor-Mails-mit-PDF-Anhang-3728073.html

[ebad1] „Die Lage der IT-Sicherheit in Deutschland 2017“, Bundesamt für Sicherheit in der Informationstechnik, S. 22

[arch1] „Leitfaden E-Mail-Management – Rechtliche Grundlagen und praktische Umsetzung“, Bitkom – Bundesverband Informationswirtschaft, Telekommunikation und neue Medien e.V., 2016, Berlin

[foto1] aufgerufen am 09.02.2018: https://www.webhygiene.de/pages/werkzeugkoffer/studie-zum-identitaetsdiebstahl.php

[star1] aufgerufen am 07.01.2018: https://www.startpage.com/deu/what-makes-startpage-special.html

[duck1] aufgerufen am 07.01.2018: https://duckduckgo.com/privacy

[malv1] „Die Lage der IT-Sicherheit in Deutschland 2016“, Bundesamt für Sicherheit in der Informationstechnik, S. 18

[bild1] aufgerufen am 27.12.2017: http://www.bild.de/bildsmart/faq/bildplus/faq-web-42346992.bild.html

[acce1] aufgerufen am 31.01.2018: https://adblockplus.org/de/acceptable-ads

[oper1] aufgerufen am 17.01.2018: http://www.opera.com/de/computer/features/ad-blocker

[fla20] aufgerufen am 27.12.2017: http://www.zdnet.de/88305813/flash-player-adobe-kuendigt-ende-des-supports-fuer-2020-an/

[babu1] aufgerufen am 27.12.2017: http://www.sueddeutsche.de/digital/exklusiv-online-banking-apps-sind-anfaellig-fuer-hacker-1.3762624

[bawi1] aufgerufen am 27.12.2017: https://www.commerzbank.de/portal/de/help/verwaltung-weiteres/mobiletan/mobiletaneinrichtenundaktivieren.html

[bawi2] aufgerufen am 27.12.2017: https://www.commerzbank.de/portal/de/privatkunden/service-und-hilfe/sicherheit/ihr-online-banking/die-tan-verfahren/phototan/phototan.html

[bawi3] aufgerufen am 27.12.2017: https://www.deutsche-bank.de/pfb/content/pk-digital-banking-faq.html?pfb_toggle=38474-38576,38474-38798

[bawi4] aufgerufen am 27.12.2017: https://www.deutsche-bank.de/pfb/content/pk-digital-banking-faq.html?pfb_toggle=38474-38577,38474-38803

[bawi5] aufgerufen am 27.12.2017: https://www.norisbank.de/service/faq-banking.html#accordion6710

[bawi6] aufgerufen am 27.12.2017: https://www.sparkasse.de/service/sicherheit-im-internet/tan-verfahren.html

[bawi7] aufgerufen am 27.12.2017: https://www.netbank.de/privatkunden/service/blog/migration-autorisierungsverfahren/

[bamo1] aufgerufen am 27.12.2017: http://www.sueddeutsche.de/digital/it-sicherheit-schwachstelle-im-mobilfunknetz-kriminelle-hacker-raeumen-konten-leer-1.3486504

[base1] aufgerufen am 27.12.2017: https://www.bsi-fuer-buerger.de/BSIFB/DE/DigitaleGesellschaft/OnlineBanking/SoFunktioniertDasOnlineBanking/Sicherheit/PIN-TAN-Schutzverfahren.html

[bano1] aufgerufen am 27.12.2017: https://www.netbank.de/privatkunden/service/blog/itan-abschaffung/

[batr1] aufgerufen am 27.12.2017: https://www.ing-diba.de/kundenservice/mobile-apps/kontostand/

[batr2] aufgerufen am 27.12.2017: https://www.netbank.de/privatkunden/service/blog/kontostand-per-sms/

[batr3] aufgerufen am 27.12.2017: https://www.hypovereinsbank.de/portal?view=/de/privatkunden/service/sms-service.jsp

[sofo1] aufgerufen am 05.01.2018: https://www.sofort.com/ger-DE/kaeufer/su/online-zahlen-mit-sofort-ueberweisung/

[sofo2] aufgerufen am 05.01.2017: https://www.handelsblatt.com/finanzen/steuern-recht/recht/einkaufen-im-internet-bgh-urteil-zu-kostenlosen-zahlungsmethoden/20093640-2.html

[mswz1] aufgerufen am 30.12.2017: http://www.spiegel.de/netzwelt/games/xbox-one-microsoft-patentiert-wohnzimmer-ueberwachung-a-901413.html

[tvsp1] aufgerufen am 27.12.2017: https://www.theverge.com/2013/11/19/5123900/lg-tvs-logging-viewing-habits-regardless-of-privacy-settings

[dash1] aufgerufen am 27.12.2017: https://www.verbraucherzentrale.de/aktuelle-meldungen/vertraege-reklamation/amazons-dash-buttons-versperren-den-blick-auf-den-preis-13035

[zahn1] aufgerufen am 27.12.2017: https://www.oralb-blendamed.de/de-de/produkte/elektrische-zahnbuersten/smart

[haar1] aufgerufen am 27.12.2017: https://health.nokia.com/eu/de/hair-coach

[haar2] aufgerufen am 27.12.2017: https://curved.de/news/wi-hair-less-die-smarte-buerste-ist-da-aber-warum-446862

[cayl1] aufgerufen am 30.12.2017: https://www.bundesnetzagentur.de/SharedDocs/Pressemitteilungen/DE/2017/14012017_cayla.html

[schr1] aufgerufen am 26.01.2018: https://www.ndr.de/nachrichten/niedersachsen/braunschweig_harz_goettingen/Stadt-Wolfsburg-will-Schutzranzen-stoppen,schutzranzen108.html

[torb1] aufgerufen am 28.12.2017: https://www.heise.de/newsticker/meldung/TorMoil-Luecke-im-Tor-Browser-kann-Nutzer-enttarnen-3879286.html

[torg1] aufgerufen am 27.12.2017: https://www.heise.de/newsticker/meldung/Anonymisierungs-Dienst-Tor-Das-Tor-Project-bleibt-ueberwiegend-regierungs-finanziert-3693816.html

[staa1] aufgerufen am 07.01.2018: https://www.startpage.com/proxy/eng/help.html

[vpno1] aufgerufen am 17.01.2018: http://www.opera.com/de/computer/features/free-vpn

[fing1] aufgerufen am 27.12.2017: https://www.golem.de/news/fingerprinting-nutzer-lassen-sich-ueber-browser-hinweg-tracken-1701-125627.html

[fing2] aufgerufen am 27.12.2017: https://www.heise.de/newsticker/meldung/Web-Browser-Fingerprinting-Erkennbar-auch-ohne-Cookie-3597078.html

[dont1] aufgerufen am 28.12.2017: https://help.twitter.com/en/safety-and-security/twitter-do-not-track

[zend1] aufgerufen am 07.02.2018: https://www.zendas.de/service/browserdaten.html

[wot1] aufgerufen am 31.12.2017: https://www.ndr.de/nachrichten/netzwelt/Nackt-im-Netz-Millionen-Nutzer-ausgespaeht,nacktimnetz100.html

[warn1] aufgerufen am 02.01.2018: https://support.mozilla.org/de/kb/wie-funktioniert-schutz-vor-betrugsversuchen-und-schadprogrammen

[warn2] aufgerufen am 02.01.2018: https://support.google.com/chrome/answer/99020

[adin1] aufgerufen am 27.12.2017: https://www.kaspersky.de/resource-center/threats/adware

[bado2] aufgerufen am 2.1.2018: https://www.heise.de/mac-and-i/meldung/Mac-Shareware-Downloads-mit-signiertem-Trojaner-3867420.html

[iden1] aufgerufen am 09.02.2018: https://www.vis.bayern.de/daten_medien/datenschutz/identitaetsdiebstahl.htm

[iden2] aufgerufen am 09.02.2018: https://www.bsi-fuer-buerger.de/BSIFB/DE/Risiken/ID-Diebstahl/id-diebstahl_node.html

[iden3] aufgerufen am 09.02.2018: https://www.bka.de/DE/IhreSicherheit/RichtigesVerhalten/StraftatenImInternet/Identitaetsdiebstahl/identitaetsdiebstahl_node.html

[fbfo1] aufgerufen am 27.12.2017: Beitrag „Nutzungsrecht – Fotografen verlieren bei Facebook ihre exklusiven Nutzungsrechte an den eigenen Fotos“ von Tobias Röttger, Anwalt in der Kanzlei „Gulden Röttger Rechtsanwälte“ in Mainz

[beap1] aufgerufen am 17.01.2018: https://www.heise.de/newsticker/meldung/Fataler-Konstruktionsfehler-im-besonderen-elektronischen-Anwaltspostfach-3944406.html

[beap2] aufgerufen am 17.01.2018: https://www.golem.de/news/bea-noch-mehr-sicherheitsluecken-im-anwaltspostfach-1801-131942.html

[beap3] aufgerufen am 17.01.2018: http://www.brak.de/fuer-anwaelte/bea-das-besondere-elektronische-anwaltspostfach/

[skim1] aufgerufen am 13.01.2018: http://www.zeit.de/digital/datenschutz/2017-12/skimming-datendiebstahl-geldautomat-bankkarte-schaden

[skim2] aufgerufen am 13.01.2018: http://www.polizei-beratung.de/themen-und-tipps/betrug/betrug-an-geldautomaten/skimming/

[punk1] aufgerufen am 27.12.2017: https://www.verbraucherzentrale.de/wissen/vertraege-reklamation/werbung/kundenkarten-wenig-rabatt-fuer-viel-information-13862

Stichwortverzeichnis

M. von Rimscha, *Datenschutz – Konzepte, Algorithmen und Anwendung*,
https://doi.org/10.1007/978-3-658-22046-4